KB212059

주여, 우리와 함께하시어 당신의 은혜로 이끌어주소서

주여, 우리와 함께하시어 당신의 사랑을 채워주소서

주여, 우리와 함께하시어 당신의 평화를 누리게 하소서

일러두기

· 성서 표기와 인용은 『공동번역개정판』(1999)과 『새번역』(2001)을
  혼용했습니다.
· 제시된 성서본문은 평일의 경우 세계 성공회 공동체에서 사용하는
  주간성서정과Weekday Eucharistic Lectionary를, 주일의 경우 세계 다양한 교
  단에서 사용하는 개정성서정과Revised Common Lectionary를 따랐습니다.

『주여, 우리와 함께하소서』를 펴내며

아기 그리스도를 찾아오는 길은 언제나 단순하지 않습니다. 대부분의 경우 사람들은 먼 길을 돌아 그리스도이신 아기를 찾아옵니다. 복잡한 사연을 거쳐 올 때도 있고, 죄를 짓고서 혼란 가운데 찾아올 때도 있습니다. 그릇된 생각을 가지고 찾아올 때가 있는가 하면 출발부터 잘못된 때도 있습니다.

하지만 진실로 답해야 할 질문은 복잡다단한 사연들을 구유를 향해 가는 여정에 맡길 수 있느냐, 거울의 방에 안주하기를 거부하고 진리가 진정 어디에 있는지를 찾아 나설 수 있느냐, 자신의 재주를 부리려 복잡하게 생각하기를, 남과 자신을 기만하기를 그치고 하늘의 지도가 가리키는 곳이 어디인지를 살필 수 있느냐는 것입니다.

그러니 여러분의 뒤엉킨 모습과 재능, 곧 우리를 우리로 만들어주는 수많은 뿌리를 거부하지 마십시오. 모든 걸음은 여정의 일부입니다. 심지어 잘못된 출발조차 이 여정의 일부입니다. 모든 경험은 여러분이 진리를 향해 나아가게 해줄 수 있습니다.

- 로완 윌리엄스

대림 절기는 성탄절 전 약 4주간 예수의 탄생과 다시 오심을 기다리는 교회력의 절기입니다. 교회의 달력은 이 기다림의 절기에서 시작됩니다. 여기에는 우리의 시작이 이 기다림이어야 한다는 교회의 오랜 통찰이 반영되어 있습니다. 실로 주님을 기다리는 마음이 우리의 시작점입니다.

이 기간 우리는 우리 안에 있는 잡다한 것들을 향한 기다림을 정향하고, 아기 예수를 기다리는 마음과 오실 그리스도를 기다리는 마음으로 우리의 하루를 만들어나갑니다.

우리가 처한 삶의 자리는 제각각입니다. 우리에게는 각자의 고통이, 각자의 나약함이, 각자의 어리석음이 있습니다. 그러나 우리가 처한 지금의 자리가 어디이든, 우리가 얼마나 어긋난 길에 서 있었든, 우리의 절망이 얼마나 깊든, 우리 모두에게는 끝나지 않은 기다림이 있다는 것을 이 기다림의 계절은 우리에게 알려줍니다. 우리가 지금 어디에 있든 우리는 다시 시작할 수 있습니다. 어느 곳에서든 우리는 다시 그분을 기다리기 시작할 수 있습니다. 어느 곳에서 그분을 기다리든 우리의 기다림은 결코 헛되지 않을 것입니다.

대림절은 갈 곳을 잃고 헤매는 우리 모두를 참된 희망과 기쁨의 원천이신 그리스도께로 향하게 합니다. 죄와 고통이 가득한 이땅에 아기로 오신 예수는 우리가 끝내 소망을 잃지 않고 기다릴 참된 근거가 되어 주십니다.

『주여, 우리와 함께하소서』는 독자 여러분들이 대림절기를 깊이 보내실 수 있도록 비아가 준비한 묵상집 겸 기도노트입니다. 이 책은 성탄의 의미를 묵상할 수 있는 성서정과와 본문들을 수록하여 독자 여러분이 대림절기와 성탄, 그리고 공현일(주현절)까지의 여정을 함께 할 수 있도록 짜여져 있습니다. 이 책과 함께 하는 기도의 여정이 우리의 기다림에 떨림을 줄 수 있게 되기를 바랍니다.

주님이 오십니다.
주님이 우리와 함께하십니다.
그가 우리의 모든 순간에 함께하십니다.

홀로 기도할 때

1. 당일 본문에 책 끈을 꽂고, 맨 앞의 기도문을 폅니다.
2. 침묵으로 기도를 준비합니다.
3. 기도문을 천천히 읽으며 기도합니다.
4. 성서 독서와 묵상 본문을 읽을 때 해당 날짜에 해당하는 페이지를 폅니다.
5. 성서 독서와 묵상 본문을 읽고 잠시 침묵합니다.
6. 자신의 묵상 내용을 '나의 묵상'에, 자신의 기도를 '나의 기도'에 적습니다. 잠시 침묵합니다.
7. 다시 기도문으로 돌아와 기도를 드리고 마칩니다.

함께 기도할 때

1. 인도자는 해당 날의 성서 구절과 묵상을 미리 읽고 준비합니다.

2. 공동체 기도는 기도 노트 앞에 있는 기도문을 활용하거나 적절한 다른 양식을 활용할 수도 있습니다.

3. 참여자들이 모두 모이면 침묵으로 기도를 시작합니다.

4. 이후 준비한 기도문에 따라 함께 기도합니다(기도문의 내용은 인도자의 판단에 따라 축약하거나 추가할 수 있습니다).

5. 순서에 따라 성서 독서와 묵상 본문을 읽고 잠시 침묵합니다.

6. 각자의 묵상 내용을 오른 편에 배치된 '나의 묵상'에 적고, 잠시 침묵합니다.

7. 인도자의 안내에 따라 돌아가며 자신이 적은 내용을 나눕니다(내용을 나눌 때, 다른 이들의 이야기를 교정하거나 판단하는 태도가 되지 않도록 주의합니다).*

8. 나눔이 끝나면 잠시 침묵하며 '나의 기도'를 적습니다. 묵상 나눔과 마찬가지로 각자의 기도를 나눕니다.*

9. 이후 기도문에 따라 함께 기도하고 마칩니다.

*은 참가자의 의향에 따라 하지 않을 수 있습니다.

기도문

✠ 대림절기 아침기도

시작송가

주여, 우리 입을 열어 주소서.

우리가 주님을 찬미하리이다.

주여, 우리를 어서 구원하소서.

우리를 속히 도와주소서.

영광이 성부와 성자와 성령께

처음과 같이 지금도 그리고 영원히, 아멘.

아래의 시편 중 하나를 선택합니다.

시편 95편

어서 와 주님께 기쁜 노래 부르자.

우리 구원의 바위 앞에서 환성을 올리자.

감사노래 부르며 그 앞에 나아가자.

노랫가락에 맞추어 환성을 올리자.

주님은 높으신 분,

모든 신들을 거느리시는 높으신 임금님,

깊고 깊은 땅 속도 그분 수중에,

높고 높은 산들도 그분의 것,

바다도 그의 것, 그분의 만드신 것,

굳은 땅도 그분 손이 빚어내신 것,

어서 와 허리 굽혀 경배드리자.

우리를 지으신 주님께 무릎을 꿇자.

그는 우리의 아버지, 우리는 그의 기르시는 백성,

이끄시는 양떼, 오늘 너희는 그의 말씀을 듣게 되리라.

영광이 성부와 성자와 성령께

처음과 같이 지금도 그리고 영원히, 아멘.

시편 100편

온 세상이여, 주님께 환성을 올려라.

마음도 경쾌하게 주님을 섬겨라.

기쁜 노래 부르며 그분께 나아가거라.

그분이 주님이심을 알아라.

그가 우리를 내셨으니, 우리는 그의 것, 그의 백성,

그가 기르시는 양떼들이다.

감사기도 드리며 성문으로 들어가거라.

찬양노래 부르며 뜰 안으로 들어가거라.

주님 어지시니 감사기도 드리며

　　그 이름을 기리어라.

그의 사랑 영원하시니

　　그 성실하심 대대에 이르리라.

영광이 성부와 성자와 성령께

　　처음과 같이 지금도 그리고 영원히, 아멘.

오늘의 시편

오늘 날짜에 해당하는 시편 본문을 읽습니다.

시편 낭송 후에는 아래 송영을 합니다.

　　영광이 성부와 성자와 성령께

　　처음과 같이 지금도 그리고 영원히, 아멘.

오늘의 성서

오늘 날짜에 해당하는 성서 본문을 읽습니다.

함께 기도할 때는 본문을 읽기 전 아래와 같이 안내합니다.

오늘의 성서는 (   )의 말씀입니다.

본문을 읽은 후 다음과 같이 말합니다.

주님의 말씀입니다.

주님께 감사합니다.

독서 후 송가

본문을 읽고 사가랴 송가를 합니다.

두 개의 본문을 읽은 경우, 처음 읽은 본문 후에는 사가랴 송가를,

두 번째 본문 후에는 이사야 첫째 송가를 합니다.

사가랴 송가(눅 1:68~79)

이스라엘의 거룩하신 주님을 찬미하여라!

그 백성을 돌아보시어 구원하시고,

우리를 위하여 주님의 종 다윗 가문에

전능하신 구세주를 세우셨습니다.

이는 주님께서 예로부터

예언자들을 통하여 말씀하신 것이며,

우리를 원수로부터 구하시고

   그 손아귀에서 벗어나게 하려 하심입니다.

주께서 우리 조상들에게 자비를 베푸시어

   그 거룩하신 언약을 기억하시고,

우리 조상 아브라함에게 맹세하신 대로

   우리를 원수의 손에서 구해내셨습니다.

두려움 없이 주님을 섬기며

   한 평생을 거룩하고 올바르게 살게 하셨습니다.

아가야, 너는 지극히 높으신 주님의 예언자가 되리니,

   그분보다 앞서 그분의 길을 닦으며,

그분의 백성에게 그 구원을 알게 하여

   주님의 용서하심을 얻게 하여라.

이는 주님의 인자하심 덕분이니

   새벽빛이 위로부터 우리에게 비추시어

어둠과 죽음의 그늘 속에 사는 사람들에게 빛을 주시고

   평화의 길로 이끌어 주시리라.

영광이 성부와 성자와 성령께

   처음과 같이 지금도 그리고 영원히, 아멘.

이사야 첫째 송가(사 12:2~6)

진정 나를 구원하실 분은 주님이시니,

　내가 그를 의지하고 두려워하지 않으리라.

주님은 나의 힘, 나의 노래이시며,

　나의 구원이십니다.

그러므로 너희는 기뻐하며,

　구원의 샘에서 물을 길으리라.

그 날, 너희는 이렇게 감사의 노래를 부르리라.

　주님께 감사하여라. 그의 이름을 외쳐 불러라.

그가 하신 큰 일을 만민에게 알려라,

　그 높으신 이름을 잊지 않게 하여라.

그가 큰 일을 하셨으니 주님을 찬양하며,

　그 모든 일을 온 세상에 알려라.

수도 시온아, 기뻐 외쳐라.

　너희가 기릴 분은 이스라엘 거룩하신 분이시다.

영광이 성부와 성자와 성령께

　처음과 같이 지금도 그리고 영원히, 아멘.

묵상과 기도 나눔

읽은 본문을 묵상합니다. 함께 기도했다면 묵상 후 나눔을 할 수 있습니다.
이후 각자가 속한 전통에 따라 사도신경을 고백하고, 주기도문을 드립니다.

아침을 맞으며 드리는 기도

전능하시고 영원하신 주님,

지난 밤에도 우리를 지켜주셨나이다.

비오니, 우리가 오늘 하루의 삶에서

주님의 뜻을 이루도록 이끄시고,

우리를 보호하시어 죄에 빠지지 않게 하시며,

모든 어려움에서 구하소서.

우리 주 예수 그리스도의 이름으로 기도하나이다. 아멘.

끝기도

우리 주 예수 그리스도의 은총과,

거룩하신 아버지의 끝이 없는 사랑과,

모두를 하나 되게 하시는 성령의 역사가

우리 모두와 함께 하소서.

아멘.

✠ 저녁기도

시작송가

주여, 우리 입을 열어 주소서.

우리가 주님을 찬미하리이다.

주여, 우리를 어서 구원하소서.

우리를 속히 도와주소서.

영광이 성부와 성자와 성령께

처음과 같이 지금도 그리고 영원히, 아멘.

은혜로운 빛이여

은혜로운 빛이여,

하늘에 계시며 영원하신 성부의 찬란한 빛이여,

거룩하시고 복되시도다. 주 예수 그리스도여!

해 저무는 이 때에, 우리는 황혼 빛을 바라보며,

주님께 찬양의 노래를 부르나이다.

하나이신 성부 성자 성령이여!

주님은 언제나 찬양 받으시기에 합당하시오니,

생명을 주시는 성자여,

온 세상으로부터 영광 받으소서.

오늘의 시편

오늘 날짜에 해당하는 시편 본문을 읽습니다(아침기도에서 읽었다면 생략할
수 있습니다). 시편 낭송 후에는 아래 송영을 합니다.

영광이 성부와 성자와 성령께
처음과 같이 지금도 그리고 영원히, 아멘.

오늘의 성서

오늘 날짜에 해당하는 성서 본문을 읽습니다.
함께 기도할 때는 본문을 읽기 전 아래와 같이 안내합니다.

오늘의 성서는 (　　　)의 말씀입니다.

본문을 읽은 후 다음과 같이 말합니다.

주님의 말씀입니다.
주님께 감사합니다.

독서 후 송가

마리아의 노래(눅 1:46~55)

내 영혼이 주님을 찬양하오며,

내 마음이 나를 구원하신 주님을 기뻐합니다.

주님께서 여종의 비천함을 돌보셨으니,

이제부터 온 백성이 나를 복되다 할 것입니다.

전능하신 분께서 내게 큰 일을 행하셨으니

주님의 이름 거룩하십니다.

주님을 두려워하는 이들에게는

대대로 구원의 자비를 베푸십니다.

주님께서 전능하신 팔을 펼치시어,

마음이 교만한 자들을 흩으셨습니다.

권세 있는 자들을 그 자리에서 내치시고,

보잘것없는 이들을 높이셨습니다.

굶주린 사람을 좋은 것으로 배불리시고,

부유한 사람을 빈손으로 돌려보내셨습니다.

주님은 약속하신 자비를 기억하시어,

주님의 종 이스라엘을 도우셨습니다.

주님께서 우리 조상들에게 약속하신 대로,

아브라함과 그 후손에게 영원토록 자비를 베푸십니다.

영광이 성부와 성자와 성령께

처음과 같이 지금도 그리고 영원히, 아멘.

성탄 일주일 전인 12월 17일부터는 해당하는 날짜의 송영으로 마칩니다.

12월 17일: 오, 지혜, 지극히 높으신 분에게서 나오신

만물의 주재이신 지혜의 주님,

오시어 우리에게 현명함을 가르치소서.

12월 18일: 오, 우리의 주인 되시는 분,

모세에게 나타나시어

율법을 주신 이스라엘의 주님,

오시어 넓은 팔을 뻗어 우리를 구원하소서.

12월 19일: 오, 이새의 뿌리, 만민을 구할 표징이 되시는

주님, 당신 앞에서 왕들은 잠잠하며, 온 나라

가 당신께 간구하오니,

오시어 우리를 속히 구원하소서.

12월 20일: 오, 다윗의 열쇠, 이스라엘의 기둥.

닫힌 모든 것을 여시고,

닫으신 모든 것은 굳게 잠기게 하시는 주님,

오시어 어둠 속에 있는 이들과

죽음의 그림자에 갇힌 이들을 풀어내소서.

12월 21일: 오, 새벽별,

찬란한 광채이시며 정의의 태양이신 주님,

오시어 어둠 속에 있는 이들과

죽음의 그림자에 갇힌 이들을 비추소서.

12월 22일: 오, 만왕의 왕,

흩어진 것을 하나로 모으시는 주님,

오시어 당신께서 손수 만드신 인간을 구원하소서.

12월 23일: 오, 임마누엘,

우리의 왕이시며 우리의 주권자이신 주님,

열방의 희망이시며 모든 이들을

구원하시는 주님,

오시어 우리를 구하소서. 주여, 우리를 구하소서.

묵상과 기도 나눔

읽은 본문을 묵상합니다. 함께 기도했다면 묵상 후 나눔을 할 수 있습니다.
이후 각자가 속한 전통에 따라 사도신경을 고백하고, 주기도문을 드립니다.

하루를 마치며 드리는 기도

살아있는 모든 이들의 생명이시며,

믿는 이들의 빛이시며,

일하는 이들의 힘이시며,

죽은 이들의 안식이 되시는 주님,

우리에게 주신 오늘을 마치며 주님께 구하오니,

오늘 밤에도 우리를 보호하시고,

복된 내일을 허락하소서.

삶의 모든 순간, 우리의 정결한 마음과

올바른 판단과 의로운 행동은

당신께로부터 오는 것이니,

우리가 당신의 계명을 순종하여

그 안에서 평화를 누리게 하소서.

우리를 위해 죽으시고 부활하신

우리 주 예수 그리스도의 이름으로 기도하나이다. 아멘.

끝기도

우리 주 예수 그리스도의 은총과,

거룩하신 아버지의 끝이 없는 사랑과,

모두를 하나 되게 하시는 성령의 역사가

우리 모두와 함께 하소서.

아멘.

여는 시편(시 57:8~11)

   내 영혼아, 잠을 깨어라,

   비파야, 거문고야, 잠을 깨어라.

   잠든 새벽을 흔들어 깨우리라.

   　주여, 당신을 뭇 백성 가운데에서 찬양하리이다.

   　뭇 나라 가운데에서 당신께 노래하리이다.

   당신의 크신 사랑 하늘에까지 미치고,

   당신의 미쁘심은 구름에 닿았습니다.

   　주여, 하늘 높이 나타나시어

   　당신의 영광을 이 땅에 떨치소서.

사가랴의 예언

본문을 읽기 전, 아래 구절을 낭독하거나 묵상합니다.

   당신을 경외하는 자에게는 구원이 정녕 가까우니

   그의 영광이 우리 땅에 깃들이시리라.

요한의 아버지 사가랴가 성령으로 충만하여, 이렇게 예언하였다. "이스라엘의 주님은 찬양받으실 분이시다. 그는 자기 백성을 돌보아 속량하시고, 우리를 위하여 능력 있는 구원자를 자기의 종 다윗의 집에 일으키셨다. 예로부터 자기의 거룩한 예언자들의 입으로 주님께서 말씀하신 대로 우리를 원수들에게서 구원하시고, 우리를 미워하는 모든 사람들의 손에서 건져내셨다. 주님께서 우리 조상에게 자비를 베푸시고, 자기의 거룩한 언약을 기억하셨다. 이것은 주님께서 우리에게 주시려고 우리 조상 아브라함에게 하신 맹세이니, 우리를 원수들의 손에서 건져주셔서 두려움이 없이 주님을 섬기게 하시고, 우리가 평생 동안 주님 앞에서 거룩하고 의롭게 살아가게 하셨다. 아가야, 너는 더없이 높으신 분의 예언자라 불릴 것이니, 주님보다 앞서 가서 그의 길을 예비하고, 죄 사함을 받아서 구원을 얻는 지식을 그의 백성에게 가르쳐 줄 것이다. 이것은 우리 주님의 자비로운 심정에서 오는 것이다. 그는 해를 하늘 높이 뜨게 하셔서, 어둠 속과 죽음의 그늘 아래에 앉아 있는 사람들에게 빛을 비추게 하시고, 우리의 발을 평

화의 길로 인도하실 것이다."(눅 1:67~79)

　　당신을 경외하는 자에게는 구원이 정녕 가까우니

　　그의 영광이 우리 땅에 깃들이시리라.

묵상과 기도 나눔

읽은 본문을 묵상합니다. 함께 기도했다면 묵상 후 나눔을 할 수 있습니다.

이후 각자가 속한 전통에 따라 사도신경을 고백하고, 주기도문을 드립니다.

성탄을 기다리는 아침기도

　　내 영혼아, 잠잠히 주님만을 기다려라.

　　나의 희망은 오직 그분께 있다. (시 62:5)

　　기다리는 주여, 속히 오소서.

　　오셔서 주님의 크신 사랑과 은총으로

　　우리를 무거운 죄의 사슬에서 풀어주시고,

　　주님께서 정하신 길을 달려가게 하시어

　　구원의 기쁨을 맛보게 하소서.

　　어둠을 물리치시는 참 빛이신

　　예수 그리스도의 이름에 의지하여 기도하나이다. 아멘.

끝기도

　세상을 비추시는 우리 주 예수 그리스도의 은총과,

　아들을 보내신 아버지의 흘러넘치는 사랑과,

　구원을 이루어가시는 성령의 역사가

　주님의 오심을 간절히 기다리는

　우리 모두와 함께 하소서.

　　아멘.

✠ 12월 24일 **성탄 밤 기도**

전통적으로 교회는 해가 지는 시간부터 하루가 시작한다고 보았습니다.

이에 12월 24일 밤을 '성탄 밤'이라고 불렀습니다.

그래서 12월 24일 저녁 기도는 성탄일의 첫 전례가 됩니다.

여는 시편(시 67편)

주여, 우리를 어여삐 보시고, 복을 내리소서.

웃는 얼굴을 우리에게 보여주소서.

　세상이 당신의 길을 알게 하시고

　만방이 당신의 구원을 깨닫게 하소서.

당신께서 열방을 공평하게 다스리시고

온 세상 백성들을 인도하심을

　만백성이 기뻐 노래하며 기리게 하소서.

주여, 백성들이 당신을 찬양하게 하소서.

만백성이 당신을 찬양하게 하소서.

　주여, 우리에게 복을 내리소서.

　온 세상 땅 끝까지 당신을 두려워하게 하소서.

성탄 밤 시편(시 96편)

새 노래로 주님께 노래하여라.

온 땅아, 주님께 노래하여라.

   주님께 노래하며, 그 이름에 영광을 돌려라.

   그의 구원을 날마다 전하여라.

그의 영광을 만국에 알리고

그가 일으키신 기적을 만민에게 알려라.

   주님은 위대하시니, 그지없이 찬양 받으실 분이시다.

   어떤 신들보다 더 두려워해야 할 분이시다.

만방의 모든 백성이 만든 신은 헛된 우상이지만,

주님은 하늘을 지으신 분이시다.

   주님 앞에는 위엄과 영광이 있고,

   주님의 성소에는 권능과 아름다움이 있다.

만방의 민족들아, 주님을 찬양하여라.

주님의 영광과 권능을 찬양하여라.

   주님의 이름에 어울리는 영광을 주님께 돌려라.

   예물을 들고, 성전 뜰로 들어가거라.

거룩한 옷을 입고, 주님께 경배하여라.

온 땅아, 그 앞에서 떨어라.

모든 나라에 이르기를

"주님께서 다스리시니,

　세계는 굳게 서서, 흔들리지 않는다.

　주님이 만민을 공정하게 판결하신다" 하여라.

하늘은 즐거워하고, 땅은 기뻐 외치며,

바다와 거기에 가득 찬 것들도 다 크게 외쳐라.

　들과 거기에 있는 모든 것도 다 기뻐하며 뛰어라.

　그러면 숲 속의 나무들도 모두 즐거이 노래할 것이다.

주님이 오실 것이니,

주님께서 땅을 심판하러 오실 것이니,

주님은 정의로 세상을 심판하시며,

그의 진실하심으로 뭇 백성을 다스리실 것이다.

　영광이 성부와 성자와 성령께,

　처음과 같이 지금도 그리고 영원히. 아멘.

성탄 밤 성서독서

많은 이들 앞에서

주께서 나를 구원하신 기쁜 소식을 전하나이다.

내가 입을 다물고 있을 수 없음을 주께서는 아시나이다.

어둠 속에서 고통받던 백성에게서 어둠이 걷힐 날이 온
다. 옛적에는 주님께서 스불론 땅과 납달리 땅으로 멸시
를 받게 버려두셨으나, 그 뒤로는 주님께서 서쪽 지중해
로부터 요단 강 동쪽 지역에 이르기까지, 그리고 이방 사
람이 살고 있는 갈릴리 지역까지, 이 모든 지역을 영화롭
게 하실 것이다. 어둠 속에서 헤매던 백성이 큰 빛을 보았
고, 죽음의 그림자가 드리운 땅에 사는 사람들에게 빛이
비쳤다. "주여, 주님께서 그들에게 큰 기쁨을 주셨고, 그
들을 행복하게 하셨습니다. 사람들이 곡식을 거둘 때 기
뻐하듯이, 그들이 주님 앞에서 기뻐하며, 군인들이 전리
품을 나눌 때 즐거워하듯이, 그들이 당신 앞에서 즐거워
합니다. 당신께서 미디안을 치시던 날처럼, 그들을 내리
누르던 멍에를 부수시고, 그들의 어깨를 짓누르던 통나무
와 압제자의 몽둥이를 꺾으셨기 때문입니다. 침략자의 군
화와 피묻은 군복이 모두 땔감이 되어서, 불에 타 없어질
것이기 때문입니다." 한 아기가 우리를 위해 태어났다.
우리가 한 아들을 모셨다. 그는 우리의 통치자가 될 것이
다. 그의 이름은 '놀라우신 조언자', '전능하신 분', '영존하

시는 아버지', '평화의 왕'이라고 불릴 것이다. (사 9:1~6)

　　많은 이들 앞에서

　　주께서 나를 구원하신 기쁜 소식을 전하나이다.

　　내가 입을 다물고 있을 수 없음을 주께서는 아시나이다.

모든 사람에게 주님의 구원의 은혜가 나타났습니다. 그
은혜는 우리를 교육하여, 경건하지 않음과 속된 정욕을
버리고, 지금 이 세상에서 신중하고 의롭고 경건하게 살
게 합니다. 그래서 우리는 복된 소망 곧 위대하신 아버지
와 우리 구주 예수 그리스도의 영광이 나타나기를 고대합
니다. 그리스도께서는 우리를 위하여 자기 몸을 내주셨습
니다. 그것은 우리를 모든 불법에서 건져내시고, 깨끗하
게 하셔서, 선한 일에 열심을 내는 백성으로 삼으시려는
것입니다. (딛 2:11~14)

　　많은 이들 앞에서

　　주께서 나를 구원하신 기쁜 소식을 전하나이다.

　　내가 입을 다물고 있을 수 없음을 주께서는 아시나이다.

그 때에 아우구스투스 황제가 칙령을 내려 온 세계가 호
적 등록을 하게 되었는데, 이 첫 번째 호적 등록은 구레뇨

가 시리아의 총독으로 있을 때에 시행한 것이다. 모든 사람이 호적 등록을 하러 저마다 자기 고향으로 갔다. 요셉은 다윗 가문의 자손이므로, 갈릴리의 나사렛 동네에서 유대에 있는 베들레헴이라는 다윗의 동네로, 자기의 약혼자인 마리아와 함께 등록하러 올라갔다. 그 때에 마리아는 임신 중이었는데, 그들이 거기에 머물러 있는 동안에, 마리아가 해산할 날이 되었다. 마리아가 첫 아들을 낳아서, 포대기에 싸서 구유에 눕혀 두었다. 여관에는 그들이 들어갈 방이 없었기 때문이다. 그 지역에서 목자들이 밤에 들에서 지내며 그들의 양 떼를 지키고 있었다. 그런데 주님의 한 천사가 그들에게 나타나고, 주님의 영광이 그들을 두루 비추니, 그들은 몹시 두려워하였다. 천사가 그들에게 말하였다. "두려워하지 말아라. 나는 온 백성에게 큰 기쁨이 될 소식을 너희에게 전하여 준다. 오늘 다윗의 동네에서 너희에게 구주가 나셨으니, 그는 곧 그리스도 주님이시다. 너희는 한 갓난아기가 포대기에 싸여, 구유에 뉘어 있는 것을 볼 터인데, 이것이 너희에게 주는 표징이다." 갑자기 그 천사와 더불어 많은 하늘 군대가 나타나서, 주를 찬양하여 말하였다. "더없이 높은 곳에서는 주께 영광이요, 땅에서는 그분께서 좋아하시는 사람들에게 평화로다." 천사들이 목자들에게서 떠나 하늘로 올라간 뒤에, 목자들이 서로 말하였다. "베들레헴으로 가서, 주님께서 우리에게 알려주신 바, 일어난 그 일을 봅시다." 그리고 그들은 급히 달려가서, 마리아와 요셉과 구유에 누워 있는 아기를 찾아냈다. 그들은 이것을 보고 나서, 이 아기에 관하여 자기들이 들은 말을 사람들에게 알려 주었다. 이것을 들은 사람들은 모두 목자들이 그들에게 전해준 말을 이상히 여겼다. 마리아는 이 모든 말을 고이 간직하고, 마음 속에 곰곰이 되새겼다. 목자들은 자기들이 듣고 본 모든 일이 자기들에게 일러주신 그대로임을 알고, 돌아가면서 주님께 영광을 돌리며 그를 찬미하였다. (눅 2:1~20)

주님께서 오신다.

그가 땅을 심판하러 오시니,

주님 앞에 환호성을 올려라.

그가 정의로 세상을 심판하시며,

뭇 백성을 공정하게 다스리실 것이다.

묵상과 기도 나눔

읽은 본문을 묵상합니다. 함께 기도했다면 묵상 후 나눔을 할 수 있습니다. 이후 각자가 속한 전통에 따라 사도신경을 고백하고, 주기도문을 드립니다.

성탄 밤에 드리는 기도

새 노래로 주님을 찬양하여라. 놀라운 기적들을 이루셨다. 그의 오른손과 거룩하신 팔로 승리하셨다. 주께서 그 거두신 승리를 알려주시고 당신의 정의를 만백성 앞에 드러내셨다. 이스라엘 가문에 베푸신다던 그 사랑과 그 진실을 잊지 않으셨으므로 땅 끝까지 모든 사람이 우리 주님의 승리를 보게 되었다. (시 98:3)

주여, 주께서는 거룩한 밤을 참 빛으로 비추시고, 우리에게 구원의 희망을 나타내셨나이다. 비오니, 우리로 하여금 이 빛을 세상에 전하게 하시어 온 세상이 주님의 빛으로 가득하게 하소서. 세상을 비추시는 예수 그리스도의 이름으로 기도하나이다. 아멘.

끝기도

　세상을 비추시는 우리 주 예수 그리스도의 은총과,

　아들을 보내신 아버지의 흘러넘치는 사랑과,

　구원을 이루어가시는 성령의 역사가

　우리 모두와 함께 하소서.

　　아멘.

모든 것이 그로 말미암아 창조되었으니, 그가 없이 창조된 것은 하나도 없다.
창조된 것은 그에게서 생명을 얻었으니, 그 생명은 사람의 빛이었다.
그 빛이 어둠 속에서 비치니, 어둠이 그 빛을 이기지 못하였다.

우리의 기억에 당신은
자비로우시고 한결같으신 분,
우리가 의지할 반석, 우리와 함께,
우리를 위해 인내하는 분이십니다.
그때는 당신을 노래하는 소리가
멈추지 않았습니다.
하지만 오늘 우리가 만나는 당신은
어렵고 버거운 분입니다.
우리가 맘속으로 미리 정해놓은
죄목을 손쉽게 시인하면
당신은 우리가 감춘 우리의 허물을
하나둘 드러내십니다.

우리가 상상하는 우리의 모습과
우리의 실제 모습이 일치하지 않음을,
우리가 하는 말을 우리가 쫓아가지 못함을,
우리가 은밀하고도 철저하게
잔인과 폭력을 일삼는 체제에 얽매여 있음을,
게다가 우리가 여기서 벗어나고 싶어 하지 않음을
드러내십니다.

주님, 넋이 나간 우리를 용서하소서.
우리는 자신을 속이고 현혹하면서
헛된 곳을 찾아 집을 짓고 살아왔습니다.
참으로 오늘 우리가 만나는 당신은
자비로우시고 한결같으신 분, 우리가 의지할 반석,
우리와 함께, 우리를 위해 인내하는 분이십니다.
어둠 속에 몸을 감추고 있던 우리는
지금 우리에게 다가오시는 당신이
우리가 기억하는 당신이기를 간구합니다.
언제나 주님이셨던 주님,
오늘도 우리에게 주님이 되소서.

언제나 주님이셨던 주님,
우리가 상상하지도 못했던 모습으로 오소서.
우리가 꿈속에서도 하지 못했던 일들을 이루게 하소서.
자유롭게, 거리낌도 불안도 없이,
기쁨으로 순종케 하소서.
우리가 아닌 당신의 뜻을 이루소서.
아멘.

- 월터 브루그만

대림
제1주

대림
제1주
주일

❖ 성서정과

사 63:19하~64:8 / 시 80:1~7, 17~19 / 고전 1:3~9 / 막 13:24~37

"그러나 그 날과 그 때는 아무도 모른다. 하늘의 천사들도 모르고, 아들도 모르고, 오직 아버지만 아신다. 조심하고, 깨어 있어라. 그 때가 언제인지를 너희가 모르기 때문이다. 사정은 여행하는 어떤 사람의 경우와 같은데, 그가 집을 떠날 때에, 자기 종들에게 권한을 주어서, 각 사람에게 할 일을 맡기고, 문지기에게는 깨어 있으라고 명령한다. 그러므로 깨어 있어라. 집주인이 언제 올는지, 저녁녘일지, 한밤중일지, 닭이 울 무렵일지, 이른 아침녘일지, 너희가 알지 못하기 때문이다. 주인이 갑자기 와서 너희가 잠자고 있는 것을 보게 되는 일이 없도록 하여라. 내가 너희에게 하는 말은 모든 사람에게 하는 말이다. 깨어 있어라." (막 13:32~37)

🎛 묵상

주의하고 깨어 기도하십시오.

자신에 대해 걱정하지 마십시오.

무엇이 닥쳐올까 두려워하지 마십시오.

거짓 예언자들은 미래에 대한

두려움과 불신을 불러일으키려고 하겠지만,

주님은 우리와 함께하십니다.

혼란이나 오해가 있다면

사랑 안에서 인내하고

능동적으로 깨어 기다리십시오.

오늘 깨어 있도록 합시다.

오, 주님,

바로 오늘은 저희가 당신을 진실로 만나는 순간입니다.

이 현실을 빼앗아 가는

모든 거짓 두려움을 없애주소서.

— 게일 피츠패트릭

🍶 나의 묵상

_____

_____

_____

_____

_____

_____

_____

🍶 나의 기도

_____

_____

_____

_____

_____

_____

_____

_____

✳ 성서정과

사 2:1~5 / 시 122 / 마 8:5~12

예수께서 가버나움에 들어가시니, 한 백부장이 다가와서, 그에게 간청하여 말하였다. "주님, 내 종이 중풍으로 집에 누워서 몹시 괴로워하고 있습니다." 예수께서 그에게 말씀하셨다. "내가 가서 고쳐 주마." 백부장이 대답하였다. "주님, 나는 주님을 내 집으로 모셔들일 만한 자격이 없습니다. 그저 한 마디 말씀만 해주십시오. 그러면 내 종이 나을 것입니다. 나도 상관을 모시는 사람이고, 내 밑에도 병사들이 있어서, 내가 이 사람더러 가라고 하면 가고, 저 사람더러 오라고 하면 옵니다. 또 내 종더러 이것을 하라고 하면 합니다." 예수께서 이 말을 들으시고, 놀랍게 여기셔서, 따라오는 사람들에게 말씀하셨다. "내가 진정으로 너희에게 말한다. 나는 지금까지 이스라엘 사람 가운데서 아무에게서도 이런 믿음을 본 일이 없다. 내가 너희에게 말한다. 많은 사람이 동과 서에서 와서, 하늘 나라에서 아브라함과 이삭과 야곱과 함께 잔치 자리에 앉을 것이다. 그러나 이 나라의 시민들은 바깥 어두운 데로 쫓겨나서, 거기서 울며 이를 갈 것이다."

(마 8:5~12)

✤ 묵상

우리는 실망할 때가 많습니다. 그분이 종종 빈곤과 고통에 대한 인간적 방식을 초월하는 자신만의 방식으로 해결하시기 때문입니다. 우리는 주님이 가능한 한 속히 개입하셔야 한다고 생각합니다. 그러나 그분은 대체로 "인내하라. 목표는 한 가지 방식으로만 달성할 수 있으며, 그것은 설사 네게 특별한 것을 주는 경우라 할지라도 네 편의에 따라 바꿀 수 없다"라고 말씀하십니다. 우리는 어떤 일이 즉시 또는 선한 방식으로 개선되지 않는다고 해서 믿음을 잃어서는 안 됩니다. 그분의 나라는 길고 긴 역사를 포함합니다. 그분께서 하시는 모든 일에는 때가 있습니다.

—J. C. 블룸하르트, C. F. 블룸하르트

🪴 나의 묵상

....

....

....

✍ 나의 기도

....

....

....

....

✹ 성서정과

사 11:1~10 / 시 72:1~4, 18-19 / 눅 10:21~24

그는 주님을 경외하는 것을 즐거움으로 삼는다. 그는 눈에 보이는 대로만 재판하지 않으며, 귀에 들리는 대로만 판결하지 않는다. 가난한 사람들을 공의로 재판하고, 세상에서 억눌린 사람들을 바르게 논죄한다. 그가 하는 말은 몽둥이가 되어 잔인한 자를 치고, 그가 내리는 선고는 사악한 자를 사형에 처한다. 그는 정의로 허리를 동여매고 성실로 그의 몸의 띠를 삼는다. 그 때에는, 이리가 어린 양과 함께 살며, 표범이 새끼 염소와 함께 누우며, 송아지와 새끼 사자와 살진 짐승이 함께 풀을 뜯고, 어린 아이가 그것들을 이끌고 다닌다. 암소와 곰이 서로 벗이 되며, 그것들의 새끼가 함께 눕고, 사자가 소처럼 풀을 먹는다. 젖먹는 아이가 독사의 구멍 곁에서 장난하고, 젖뗀 아이가 살무사의 굴에 손을 넣는다. (사 11: 3-8)

✤ 묵상

우리는 무엇을 할 수 있을까요? 주님의 나라는 우리 손으로 만들 수 없습니다. 우리는 그 나라를 일으키거나 조직할 수 없고 강요할 수도 없습니다. 금욕적인 노력과 경건한 수행으로 그분의 나라를 가져올 수 없습니다. 오직 주님만이 주님의 나라를 오게 하실 수 있습니다. 그 나라는 새싹이 움터 나와 자라듯 자라납니다. 씨앗에서 싹이 터서

자라나는데, 사람들은 어떻게 그리되는지 모릅니다. 정치나 종교적 신념에 함몰된 이들이 이 지상에서 주님의 나라를 세우려 했지만, 그들의 시도는 언제나 폭력으로 끝났습니다. 그들이 이 땅에 세우려 했던 것은 천국이었지만 만들어 낸 것은 결국 지옥이었습니다.

— 발터 카스퍼

😊 나의 묵상

😊 나의 기도

성서정과

사 25:6~10상 / 시 23 / 마 15:29~37

주님께서 죽음을 영원히 멸하신다. 주님께서 모든 사람의 얼굴에서 눈물을 말끔히 닦아 주신다. 그의 백성이 온 세상에서 당한 수치를 없애 주신다. 이것은 주님께서 하신 말씀이다. 그 날이 오면, 사람들은 이런 말을 할 것이다. 바로 이분이 우리의 주님이시다. 우리가 주를 의지하였으니, 주께서 우리를 구원하신다. 바로 이분이 주님이시다. 우리가 주님을 의지한다. 우리를 구원하여 주셨으니 기뻐하며 즐거워하자. (사 25:8~9)

묵상

하늘 아버지를 본다는 것은 그분의 빛, 그분의 맑음을 생수처럼 들이마시는 것을 의미합니다. 그분을 본다는 것은 우리가 일생토록 헤매며 그리워하던 본향을 마침내 발견하는 것을 의미합니다. 그분을 본다는 것은 아버지의 마음을 향해 힘차게 뛰어가는 것을 의미합니다. 주님을 본다는 것은 어머니 품에 안긴 아기처럼 실컷 울고 나서 기뻐하는 것을 의미합니다. 마음이 깨끗한 사람은 복이 있으니, 그들이 주님을 볼 것입니다.

— 디트리히 본회퍼

🫖 나의 묵상

_____

_____

_____

_____

_____

_____

_____

🫖 나의 기도

_____

_____

_____

_____

_____

_____

_____

_____

성서정과

사 26:1~6 / 시 118:18~27 / 마 7:21, 24~27

"나더러 '주님, 주님' 하는 사람이라고 해서, 다 하늘 나라에 들어가는 것이 아니다. 하늘에 계신 내 아버지의 뜻을 행하는 사람이라야 들어간다. … 그러므로 내 말을 듣고 그대로 행하는 사람은, 반석 위에다 자기 집을 지은 슬기로운 사람과 같다고 할 것이다. 비가 내리고, 홍수가 나고, 바람이 불어서 그 집에 들이쳤지만, 무너지지 않았다. 그 집을 반석 위에 세웠기 때문이다. 그러나 나의 이 말을 듣고서도 그대로 행하지 않는 사람은, 모래 위에 자기 집을 지은 어리석은 사람과 같다고 할 것이다. 비가 내리고, 홍수가 나고, 바람이 불어서, 그 집에 들이치니, 무너졌다. 그리고 그 무너짐이 엄청났다." (마 7:21, 24~27)

묵상

참된 그리스도교 영성은 주님의 임재라는 자아도취적인 감정에 제멋대로 빠지는 것이 아닙니다. 물론 주님은 우리 대부분이 일반적으로 누리는 것보다 더 많은 시간을 고요함 가운데 사랑하시는 그분과 함께할 수 있음을 알고 계시지만 말입니다. 참된 그리스도교 영성은 세상의 고통에 그리고 많은 경우 우리 자신의 고통과 절망에 뿌리를 두고 있으며, 우리에게 세상의 고통을 섬기라고, 그 고통 가운데 주님

의 사랑을 실천하라고, 우리가 느끼는 것보다 더 많이 느끼라고 요청

합니다.

—톰 라이트

🐚 나의 묵상

_____

_____

_____

_____

_____

_____

🐚 나의 기도

_____

_____

_____

_____

_____

_____

✿ 성서정과

사 29:17~24 / 시 27:1~4 / 마 9:27~31

예수께서 거기에서 떠나가시는데, 눈 먼 사람 둘이 "다윗의 자손이여, 우리를 불쌍히 여겨 주십시오" 하고 외치면서 예수를 뒤따라 왔다. 예수께서 집 안으로 들어가셨는데, 그 눈 먼 사람들이 그에게 나아왔다. 예수께서 그들에게 말씀하셨다. "너희는 내가 이 일을 할 수 있다고 믿느냐?" 그들이 "예, 주님!" 하고 대답하였다. 예수께서 그들의 눈에 손을 대시고 말씀하셨다. "너희 믿음대로 되어라." 그러자 그들의 눈이 열렸다. (마 9:27~30상)

📖 묵상

희망이 있다는 것이 고난을 피하거나 무시할 수 있다는 뜻은 아닙니다. 사실 믿음에서 나온 희망은 고난을 통해 성숙하고 정결해집니다. 사태가 예상보다 잘 풀려서 희망을 품는 것이 아닙니다. 그렇지 않더라도 우리는 여전히 생생한 희망으로 살아갈 수 있습니다. 희망의 근거는 삶과 고난보다 강하신 그분입니다. 믿음은 우리를 주님의 섭리와 치유의 임재에 눈뜨게 합니다. 우리는 어려움에 처했을 때도 뭔가 다른 일이 가능함을 믿음으로 압니다. 믿음이란 희망에 여지를 두는 것입니다.

— 헨리 나우웬

🫖 나의 묵상

🫖 나의 기도

✤ 성서정과

사 30:19~21, 23~26 / 시 146:5~10 / 마 9:35~10:1, 5~8

예루살렘에 사는 시온 백성아, 이제 너희는 울 일이 없을 것이다. 네가 살려 달라고 부르짖을 때에, 주님께서 틀림없이 은혜를 베푸실 것이니, 들으시는 대로 너에게 응답하실 것이다. 비록 주님께서 너희에게 환난의 빵과 고난의 물을 주셔도, 다시는 너의 스승들을 숨기지 않으실 것이니, 네가 너의 스승들을 직접 뵐 것이다. 네가 오른쪽이나 왼쪽으로 치우치려 하면, 너의 뒤에서 '이것이 바른길이니, 이 길로 가거라' 하는 소리가 너의 귀에 들릴 것이다. (사 30:19~21)

📖 묵상

듣고 그리스도에 순종하라! 이것이 주님을 향한 가장 위대한 섬김입니다. 그 밖에 다른 어떤 것도 중요하지 않습니다. 주님께서 천국에서 가지고 계신 것이 우리가 할 수 있는 어떤 것보다 더 좋고 더 아름답기 때문입니다. 사울은 그분을 기쁘게 하려고 했었습니다. 그러나 그분은 "비록 그 일이 아름다운 예배였음에도 불구하고, 너의 예배는 짜증이 날 뿐이다'라고 말씀하셨습니다. 그러므로 예레미야는 전쟁을 수행하는 군인들에게는 순종이 승리라고 단언합니다.

— 마르틴 루터

🫖 나의 묵상

✍️ 나의 기도

보아라. 그대가 잉태하여 아들을 낳을 터이니, 그의 이름을 예수라고 하여라.
그는 위대하게 되고, 더없이 높으신 분의 아들이라고 불릴 것이다.
그는 영원히 야곱의 집을 다스리고, 그의 나라는 무궁할 것이다.

주님께서는
너무나 낯설면서도 친근하신 분이라는 점,
이것이야말로 그분 앞에서 우리가 느끼는
모든 경외감의 원천입니다.
그렇기에 그분에 대한 경외감은
웅장한 풍경을 보고 느끼는 전율과는 다릅니다.
그러한 경험이 그분에 대해 생각할 때
적절한 심상과 단서를 제공해준다 해도 말이지요.
어린 시절 별이 쏟아지는
밤하늘을 보며 느꼈던 경이는
예배를 통해, 즉 거룩하신 분에 관한
특별한 이야기와 노래, 가르침을 통해
다른 차원에 있게 됩니다.
이를 통해 우리는 우리와 함께하시는
그분을 보고, 듣고, 맛보게 되기 때문입니다.
신앙의 순례자는 시간이 흐를수록
이를 더 민감하게 감지합니다.

그리고 성서가 그리는 '낯선 세계'가
친밀한 주님에게로 우리를 이끄는
초대장임과 동시에
우리가 생각하는 '신'에 대한 생각을 깨는
걸림돌임을 압니다.
주님의 말씀이 지닌 이러한 성격을
피할 수 있는 길은 없습니다.
말씀은 성서, 선포, 성찬을 통해,
위와 같은 방식으로 우리를 확장시킵니다.
성서 전체에 뿌리내린 예배는
그분의 놀라운 일을 마리아에게 전한 천사처럼
두려움과 기쁨을 동시에 불러일으킵니다.
그리고 마리아처럼, 예배에 참여하는 가운데
우리는 그 의미를 더 깊이 묵상합니다.

- 돈 샐리어스

대림
제2주

❋ 성서정과

사 40:1~11 / 시 85:1~3, 8-13 / 벧후 3:8~15상 / 막1:1~8

사랑하는 여러분, 이 한 가지만은 잊지 마십시오. 주님께는 하루가 천 년 같고, 천 년이 하루 같습니다. 어떤 이들이 생각하는 것과 같이, 주님께서는 약속을 더디 지키시는 것이 아닙니다. 도리어 여러분을 위하여 오래 참으시는 것입니다. 주님께서는 아무도 멸망하지 않고, 모두 회개하는 데에 이르기를 바라십니다. 그러나 주님의 날은 도둑같이 올 것입니다. 그 날에 하늘은 요란한 소리를 내면서 사라지고, 원소들은 불에 녹아버리고, 땅과 그 안에 있는 모든 일은 드러날 것입니다. 이렇게 모든 것이 녹아버릴 터인데, 여러분은 어떠한 사람이 되어야 하겠습니까? 여러분은 서룩한 행실과 경건한 삶 속에서 그분의 날이 오기를 기다리고, 그 날을 앞당기도록 하여야 하지 않겠습니까? (벧후 3:8-12상)

🗳 묵상

완성의 시간이 오면,

우리는 모두 깜짝 놀라게 될 것입니다.

그야말로 모든 것이 우리가 생각했던 것과는 완전히 다를 테니까요.

그러나 바로 이렇게 완전히 다른 것이

지금까지 우리의 존재 양식과 너무나 가깝고

또한 잘 어울리기 때문에 크게 놀랄 것입니다.

나의 영과 나의 육신은

나의 구원자이신 주님 안에서 기뻐 날 뛸 것입니다.

주님의 영원 안에서는

시간도 우리에게 별다른 영향을 주지 못하기에,

우리가 정신적인 차원에서 개인의 완성이라고 부르던 것과

부활이라고 부르던 것 사이에 어떤 차이가 있느냐는 질문은

제게 그다지 중요한 문제는 아닙니다.

오, 주님, 저는 인내와 소망으로 기다립니다.

앞을 볼 수 없는 사람, 그러나 곧 빛이 떠오르리라는

약속을 받은 사람처럼 기다립니다.

죽은 자의 부활, 육신의 부활을 저는 기다립니다.

— 칼 라너

나의 묵상

나의 기도

성서정과

사 35:1~10 / 시 85:7~13 / 눅 5:17~26

예수께서는 그들의 생각을 알아채시고 말씀하셨다. "어찌하여 너희는 마음 속으로 의아하게 생각하느냐? '네 죄가 용서받았다' 하고 말하는 것과 '일어나서 걸어가거라' 하고 말하는 것 가운데서 어느 쪽이 더 말하기가 쉬우냐? 그러나 너희는 인자가 땅에서 죄를 용서하는 권세를 가지고 있음을 알아야 한다." 그리고 예수께서 중풍병 환자에게 말씀하셨다. "내가 너에게 말한다. 일어나서 네 침상을 치워 들고 네 집으로 가거라." 그러자 곧 그는 사람들 앞에서 일어나, 자기가 누웠던 침상을 거두어 들고, 주님을 찬양하면서, 집으로 갔다. 사람들은 모두 놀라서, 주님을 찬양하였으며, 두려움에 차서 말하였다. "우리는 오늘 신기한 일을 보았다."

(눅 5:22~26)

묵상

복음의 은총은 요구하지 않고, 나누어줍니다. 그것은 보복하지 않고, 용서합니다. 그것은 굴레를 씌우지 않고, 일으켜 세웁니다. 그것은 화를 내지 않고, 죽이지 않고, 선한 사마리아 사람처럼 고쳐주고, 상처를 싸매주고, 보살펴줍니다. 율법 아래에서는 선한 것도, 최상의 것도 악한 것으로 변하게 마련입니다. 은총 아래에서는 악한 것도 오직 선한 것이 될 따름이며, 참으로 최상의 것이 될 수 있습니다. 당신은 주의 자유로운 은총을 믿으십니까? 당연히 믿으실 것입니다. 그렇다면 본질적으로 율법에 근거해 통치 체제가 얼마나 무력한지를 분명히 아셔야 합니다.

—칼 바르트

✆ 나의 묵상

✆ 나의 기도

성서정과

사 40:1~11 / 시 96:1, 10~13 / 마 18:12~14

"너희는 위로하여라! 나의 백성을 위로하여라!" 너희의 창조주께서 말씀하신다. "예루살렘 주민을 격려하고, 그들에게 일러주어라. 이제 복역 기간이 끝나고, 죄에 대한 형벌도 다 받고, 지은 죄에 비하여 갑절의 벌을 주님에게서 받았다고 외쳐라." 한 소리가 외친다. "광야에 주님께서 오실 길을 닦아라. 사막에 우리의 주님께서 오실 큰길을 곧게 내어라. 모든 계곡은 메우고, 산과 언덕은 깎아 내리고, 거친 길은 평탄하게 하고, 험한 곳은 평지로 만들어라. 주님의 영광이 나타날 것이니, 모든 사람이 그것을 함께 볼 것이다. 이것은 주님께서 친히 약속하신 것이다." (사 40:1~5)

묵상

오, 영원하시고 자비로우신 주님 빛을 창조하시기 전 어둠을 허용하셨으나 어둠보다 밝게 빛을 만드시면서 낮 뿐 아니라 밤까지 밝히신 주님 제 영혼에 그림자가 드리워져 슬픔과 고독의 구름이 몰려올지라도 당신의 신성한 이름을 찬양하고 감사하며 그 이름이 빛나기를 소원합니다. 당신께서는 성령의 빛을 주시어 어둠의 왕자가 우리의 가장 어두운 밤, 우리의 가장 슬픈 생각을 유도할지라도 이를 빛으로 밝히십니다. 저를 그림자가 감쌀지라도 당신의 저항할 수 없는 빛의 능력, 당신의 위로 앞에 무릎 꿇게 하소서. 그림자들이 저를 정복할 때 저는 회복할 수 없는 어둠에 빠질 것입니다. 그 그림자를 물리치시어 저를 밝은 대낮 가운데 두소서.

—존 던

나의 묵상

나의 기도

✵ 성서정과

사 40:25-31 / 시 103:6-14 / 마 11:28-30

"수고하며 무거운 짐을 진 사람은 모두 내게로 오너라. 내가 너희를 쉬게 하겠다. 나는 마음이 온유하고 겸손하니, 내 멍에를 메고 나한테 배워라. 그리하면 너희는 마음에 쉼을 얻을 것이다. 내 멍에는 편하고, 내 짐은 가볍다." (마 11:28-30)

🕮 묵상

수고한 사람의 힘이시며 지친 사람의 쉼이신 그리스도여,

비오니, 우리가 고된 일로 힘들고 지칠 때

성령의 힘으로 우리를 새롭게 하소서.

우리가 당신의 나라를 섬기도록 새로운 힘을 주시며

우리 주 예수 그리스도를 통하여 생기를 되찾은

몸과 마음으로 당신을 섬기게 하소서.

성부와 성자와 함께 하나이신 위로자 성령이시여,

우리의 마음으로 들어오소서.

우리를 위해 중보해주셔서

우리가 주 예수 그리스도로 인하여

한 점의 부끄러움도 없이 아버지를 찾게 하소서.

아무 불안이나 걱정 없이 언제나 감사하는 마음으로

기도하고 간구하여 우리의 소원을 당신께 말하게 하소서.

— 이블린 언더힐

🪔 나의 묵상

🔥 나의 기도

✤ 성서정과

이사 41:13~20 / 시 145:1, 8~13 / 마태 11:11~15

주님은 은혜롭고 자비로우시며, 노하기를 더디하시며, 인자하심이 크시다. 주님은 모든 만물을 은혜로 맞아 주시며, 지으신 모든 피조물에게 긍휼을 베푸신다. 주님, 주님께서 지으신 모든 피조물이 주님께 감사 찬송을 드리며, 주님의 성도들이 주님을 찬송합니다. 성도들이 주님의 나라의 영광을 말하며, 주님의 위대하신 행적을 말하는 것은 주님의 위대하신 위엄과, 주님의 나라의 찬란한 영광을, 사람들에게 알리려 함입니다. 주님의 나라는 영원한 나라이며, 주님의 다스리심은 영원무궁 합니다.

(시 145:8~13)

◈ 묵상

우리를 떠나가지 않으시는 신뢰할 만한 존재, 우리의 과거와 현재 모습을 있는 그대로 기억하시고 한결같은 눈길로 응시하시는 존재, 우리가 누구인지를 영원토록 흔들림 없이 증언하시는 분, 그 존재가 바로 사랑입니다. 그분은 우리를 헤아리고 이해로 붙잡으며, 무엇보다도 우리를 환영합니다. 우리는 영원한 기쁨의 대상이 됩니다. 그 사랑이 우리의 마음과 정신 속에 깊이 뿌리내리게 되면, 교회의 근본적 실체가 무엇이고 교회가 구현해야 할 모습이 어떤 것인지가 분명히 드러나게 됩니다. 그때 교회는 시공간 속에 자리 잡아 사람들로 하여금 영원한 사랑을 경험하게 해주는 자리가 되고, 그 어떤 것도 문 밖으로 내침받지 않는 곳이 되며, 시종일관 많은 일을 요구하는 세상, 곧 주고 거래하고 베풀며 그 자리에서 변화를 이루라고 요구하는 세상 속에서 사람들이 자유롭게 받아들이는 자리가 됩니다.

— 로완 윌리엄스

🕊 나의 묵상

🕊 나의 기도

✲ 성서정과

사 48:17~19 / 시 1 / 마 11:16~19

"이 세대를 무엇에 비길까? 마치 아이들이 장터에 앉아서, 다른 아이들에게 이렇게 말하는 것과 같다. '우리가 너희에게 피리를 불어도 너희는 춤을 추지 않았고, 우리가 곡을 해도, 너희는 울지 않았다.' 요한이 와서, 먹지도 않고 마시지도 않았다. 그러니까 사람들이 말하기를, '그는 귀신이 들렸다' 하고, 인자는 와서, 먹기도 하고 마시기도 하니, 그들이 말하기를 '보아라, 저 사람은 마구 먹어대는 자요, 포도주를 마시는 자요, 세리와 죄인의 친구다' 한다. 그러나 지혜는 그 한 일로 옳다는 것이 입증되었다."

(마 11:16-19)

✿ 묵상

내가 너희를 이집트 땅에서 인도하여 내고 세례의 물로써 너희를 구원하였지만, 너희는 나를 빌라도 법정으로 끌고 갔도다. 아! 내 백성들아, 내가 너희에게 어떻게 했느냐? 언제 너희를 괴롭혔느냐? 나에게 대답하라. 내가 너희에게 왕의 홀을 주고 큰 능력을 주어 높였지만 너희는 내게 가시관을 씌우고 십자가에 높이 달았도다. 내가 너희의 발을 사랑의 증표로 씻어주고 하늘의 평화를 주었지만, 너희는 내 이름으로 칼을 휘두르고 내 나라에서 높은 자리를 구했도다. 나는 너희를 위해 몸과 피를 주고 진리의 영을 보냈지만, 너희는 마음의 문을 닫고 나를 부인하고 저버렸다. 나는 너희가 하나 되기를 바라고 나가서 열매 맺으라 불렀지만 너희는 싸우고 분열하고, 고작 내 옷을 제비뽑아 나누었다. 나는 너희 중에 지극히 낮은자로 배고프고 헐벗고 병든 자로 왔지만 너희는 돌아보지 않고 오히려 나를 박해했다.

— 성공회 기도서 중 '책망가'

🕯 나의 묵상

🕯 나의 기도

성서정과

시 80:1~3, 17~18 / 마 17:10~13

아, 이스라엘의 목자이신 주님, 요셉을 양 떼처럼 인도하시는 주님, 귀를 기울여 주십시오. 그룹 위에 앉으신 주님, 빛으로 나타나 주십시오. 에브라임과 베냐민과 므낫세 앞에서 주님의 능력을 떨쳐 주십시오. 우리를 도우러 와 주십시오. 주님, 우리를 회복시켜 주십시오. 우리가 구원을 받도록, 주님의 빛나는 얼굴을 나타내어 주십시오. (시 80:1~3)

묵상

아아! 주, 저의 창조자시여, 당신의 자비를 베풀어, 저에게 당신이 무엇이 되시는지 말씀해 주십시오. 저의 영혼에 말씀해주십시오, "나는 너의 구원이다"라고 말씀하십시오. 제가 듣겠습니다. 보십시오, 주님, 제 마음의 귀가 당신 가까이가 있습니다. 그 귀를 여시어 저의 영혼에 말씀해 주십시오. "나는 너의 구원이다"라고 그러면 이 목소리를 좇아 달려가 당신을 붙잡고 말겠습니다. 당신 얼굴을 제게서 감추지 마십시오. 뵙고 싶어 죽겠습니다. 안 죽으려면 뵙고서 죽겠습니다.

— 아우구스티누스

🕮 나의 묵상

🕮 나의 기도

마리아의 남편 요셉은 의로운 사람이라서
약혼자에게 부끄러움을 주지 않으려고, 가만히 파혼하려 하였다.
요셉이 이렇게 생각하고 있는데, 주님의 천사가 꿈에 그에게 나타나서 말하였다.
"다윗의 자손 요셉아, 두려워하지 말고, 마리아를 네 아내로 맞아 들여라.
그 태중에 있는 아기는 성령으로 말미암은 것이다.
마리아가 아들을 낳을 것이니, 너는 그 이름을 예수라고 하여라.
그가 자기 백성을 그들의 죄에서 구원하실 것이다."

주님,
신앙의 선조들이 그랬듯, 이제 우리는 출발합니다.
어떤 사람들은 격려를 받으며,
어떤 사람들은 아무런 격려도 받지 않은 채
어떤 사람들은 활력을 가지고,
어떤 사람들은 피곤한 상태에서 출발합니다.

주님,
우리는 출발합니다. 우리의 본향으로,
그곳에서 기뻐하는 이, 성난 이,
응답을 구하는 이, 불안해하는 이는
각기 다른 방식으로 환대받게 될 것입니다.

주님,
신앙의 선조들이 그랬듯, 우리는 떠납니다.
생산에 대한 근심과 야망에서 벗어나
당신께서 약속하신 곳으로.
경이로운 약속의 장소로 가는 길에
하늘에서 내려주는 빵과
바위에서 솟아나는 물이 나타나기를 기원합니다.

주님,
신앙의 선조들이 그랬듯
우리는 우리가 벗어나기를 기원합니다.
우리가 과거에 있던 곳, 과거에 했던 일,
과거의 우리 자신에서 벗어나기를 기원합니다.
당신께서 새로운 곳, 새로운 행동 방식,
 새로운 우리 자신을 주시기를 바라며
우리는 한 걸음 내딛습니다.

당신께서 자비로 이 여정을 인도해주시기를 기도합니다.
기꺼이 이 여정에 오르게 하소서.
여정 가운데 경이와 사랑과 찬미를 허락하소서.

- 월터 브루그만

대림
제3주

✾ 성서정과

사 61:1~4, 8-11 / 시 126 / 살전 5:16-24 / 요 1:6-8, 19-26

항상 기뻐하십시오. 끊임없이 기도하십시오. 모든 일에 감사하십시오. 이 것이 그리스도 예수 안에서 여러분에게 바라시는 주님의 뜻입니다. 성령 을 소멸하지 마십시오. 예언을 멸시하지 마십시오. 모든 것을 분간하고, 좋은 것을 굳게 잡으십시오. 갖가지 모양의 악을 멀리 하십시오. 평화의 주님께서 친히, 여러분을 완전히 거룩하게 해 주시고, 우리 주 예수 그리 스도께서 오실 때에 여러분의 영과 혼과 몸을 흠이 없이 완전하게 지켜 주시기를 빕니다. 여러분을 부르시는 분은 신실하시니, 이 일을 또한 이 루실 것입니다. (살전 5:16-24)

🗂 묵상

완전한 사랑을 향해 나아갈수록

우리는 다른 사람의 연약함을

점점 더 깊은 연민으로 바라보게 됩니다.

사랑은 우리와 다른 이들을 하나로 엮으며

다른 사람에 대한 비판적인 판단을 누그러뜨립니다.

언젠가 한 압바는 누군가 죄를 짓는 모습을 보고 말했습니다.

"오 주님, 오늘은 그가 죄를 지었습니다.

내일은 제가 죄를 지을 것입니다."

'사랑 안에서, 사랑을 통한 완전'에

현대 그리스도인들이 거부감을 느끼는 이유는

삶에 만연한 실패감 때문입니다.

지나치게 죄책감을 느끼는 그리스도인들에게

'완전'은 절망적인 과제처럼 느껴집니다.

그러나 죄책감으로 인해

'사랑 안에서, 사랑을 통한 완전'을 부정한다면,

이는 사랑을 율법주의의 틀 안에서

이해하고 있는 것이라고 할 수 있습니다.

— 로버타 본디

🏺 나의 묵상

🙏 나의 기도

성서정과

렘 23:5~8 / 시 72:6~8, 17~19 / 마 1:18~24

왕이 백성에게 풀밭에 내리는 비처럼, 땅에 떨어지는 단비처럼 되게 해주십시오. 그가 다스리는 동안, 정의가 꽃을 피우게 해주시고, 저 달이 다 닳도록 평화가 넘치게 해주십시오. 왕이 이 바다에서 저 바다에 이르기까지, 이 강에서 저 땅 맨 끝에 이르기까지, 모두 다스리게 해주십시오.

(시 72:6~8)

묵상

영원하신 삼위일체 주님, 당신은 깊은 바다이십니다.

제가 더 깊이 들어갈수록 더 많이 발견하고

더 많이 발견할수록 더 많이 구하게 됩니다.

영원한 삼위일체시여,

당신의 심연 속에서 영혼은 늘 갈급하며

당신의 빛으로 당신을 보기를 갈망합니다.

사슴이 시냇물을 갈망하는 것처럼

제 영혼은 진리 안에 계신 당신을 보기를 갈망합니다.

— 시에나의 카타리나

🫖 나의 묵상

_____

_____

_____

_____

_____

_____

_____

🫖 나의 기도

_____

_____

_____

_____

_____

_____

_____

_____

❋ 성서정과

삿 13:2~7, 24~25 / 시 71:3~8 / 눅 1:5~25

그 때에 소라 땅에 단 지파의 가족 가운데 마노아라는 사람이 있었는데,
그의 아내는 임신할 수 없어서 자식을 낳지 못하였다. 주님의 천사가 그
여인에게 나타나 말하였다. "보아라, 네가 지금까지는 임신할 수 없어서
아이를 낳지 못하였으나, 이제는 임신하여 아들을 낳게 될 것이다. 그러
므로 이제부터 조심하여, 포도주나 독한 술을 마시지 말아라. 부정한 것
은 어떤 것도 먹어서는 안 된다. 네가 임신하여 아들을 낳을 것인데, 그
아이의 머리에 면도칼을 대어서는 안 된다. 그 아이는 모태에서부터 이미
주님께 바쳐진 나실 사람이기 때문이다. 바로 그가 블레셋 사람의 손에서
이스라엘을 구하는 일을 시작할 것이다." (삿 13:2-5)

📖 묵상

아버지의 영은 우리의 감각으로는 파악할 수 없는 비밀스러운 일을
우리에게 보여주십니다. 그 영은 죽어 있는 우리에게 영생을 약속하
십니다. 그 영은 우리에게, 사방으로 썩어짐에 둘러싸인 우리에게 복
된 부활을 말씀하십니다. 우리는 의롭다는 인정을 받으나 여전히 우
리 안에는 죄가 있습니다. 우리는 복되다는 말씀을 들으나 시간이 흐
르면서 한없는 비참함에 짓눌립니다. 우리는 넘치는 보화를 약속받

았으나 배고픔과 목마름만 풍성할 뿐입니다. 주님은 "내가 곧 너희와 함께 있으리라!" 외쳐 부르시나 우리 눈에는 우리의 모든 부르짖음을 듣지 못하는 분이십니다. 우리의 소망 가운데 강하지 못하다면, 우리의 마음이 주님의 말씀과 성령으로 밝혀진 길을 따라이 세상의 어둠을 헤치고 서둘러 나아가지 않는다면 우리는 어떻게 되겠습니까?

— 칼 바르트

🧅 나의 묵상

🧅 나의 기도

성서정과

사 7:10~14 / 시 24:1~6 / 눅 1:26~38

주님께서 아하스에게 다시 말씀하셨다. "너는 주님께 징조를 보여 달라고 부탁하여라. 저 깊은 곳 스올에 있는 것이든, 저 위 높은 곳에 있는 것이든, 무엇이든지 보여 달라고 하여라." 아하스가 대답하였다. "아닙니다. 저는 징조를 구하지도 않고, 주님을 시험하지도 않겠습니다." 그 때에 이사야가 말하였다. "다윗 왕실은 들으십시오. 다윗 왕실은 백성의 인내를 시험한 것만으로는 부족하여, 이제 주님의 인내까지 시험해야 하겠습니까? 그러므로 주님께서 친히 다윗 왕실에 한 징조를 주실 것입니다. 보십시오, 처녀가 잉태하여 아들을 낳을 것이며, 그가 그의 이름을 임마누엘이라고 할 것입니다." (사 7:10~14)

묵상

인간이 되신 성자, 곧 예수를 믿을 수 있는 상황이 만들어져야 합니다. 다시 말하면, 모든 것을 한 가지, 곧 예수의 말씀에 걸어야 하는 불가능한 상황이 만들어져야 합니다. 베드로는 자신의 무능과 주님의 권능을 경험하기 위해 배에서 뛰어내려 출렁이는 물로 뛰어내려야 했습니다. 그가 물로 뛰어들지 않았다면, 믿는 법을 배우지 못했을 것입니다. 믿을 수 있기 위해서는 완전히 불가능한 상황, 곧 도덕적으로 전혀 무책임한 상황이 제시되어야 합니다. 곧 출렁이는 바다에 뛰어내려야 합니다. 신앙에 이르는 길은 그리스도의 부름에 대한 순종을 통과합니다. 발걸음을 떼야 합니다. 그렇게 하지 않으면, 예수의 부름은 헛수고가 됩니다. 예수를 따른다고 말하면서 예수가 부르는 이런 길을 가지 않는 모든 발걸음은 거짓된 광신입니다.

— 디트리히 본회퍼

🫖 나의 묵상

_____

_____

_____

_____

_____

🌹 나의 기도

_____

_____

_____

_____

_____

❀ 성서정과

습 3:14~18 / 시 33:1~4, 11~12, 20~22 / 눅 1:39~45

그 무렵에, 마리아가 일어나, 서둘러 유대 산골에 있는 한 동네로 가서, 사가랴의 집에 들어가, 엘리사벳에게 문안하였다. 엘리사벳이 마리아의 인사말을 들었을 때에, 아이가 그의 뱃속에서 뛰놀았다. 엘리사벳이 성령으로 충만해서, 큰 소리로 외쳐 말하였다. "그대는 여자들 가운데서 복을 받았고, 그대의 태중의 아이도 복을 받았습니다. 내 주님의 어머니께서 내게 오시다니, 이것이 어찌된 일입니까? 보십시오. 그대의 인사말이 내 귀에 들어왔을 때에, 내 태중의 아이가 기뻐서 뛰놀았습니다. 주님께서 하신 말씀이 이루어질 줄 믿은 여자는 행복합니다." (눅 1:39~45)

📖 묵상

주님은 스스로 지혜롭고 강하고 유력하다고 생각하는 사람을 부끄럽게 하시려고, 세상에서 어리석고 약하고 비천하고 멸시받는 것들을 택하셨습니다. 이는 우리 현실에서 정말로 반직관적인 일입니다. 유력한 사람을 통해서 자신의 능력을 보여 주는 게 주님께는 더 쉬운 일이었을 것입니다. 하지만 그랬다면 세상은 이미 자리 잡고 있는 질서 그대로 돌아갈 것입니다. 사실 그렇게 하는 데는 주님이 필요하지도 않지요. 이때 주님은 이미 성취된 일에 약간 보탬이 될 뿐입니다. 우리는 우리가 구원이 필요한 존재임을 인정하기 어려워 합니다. 우리는 대개 자기 힘으로 성공한 사람이 돼서 자랑스러워하고 싶어 합니다. 나대지도 않고 멋있는, 나름 사려 깊은 자랑을 하려 하지만, 그래도 자랑은 자랑입니다.

— 플레밍 러틀리지

🪔 나의 묵상

🪔 나의 기도

✵ 성서정과

삼상 1:24~28 / 시 113 / 눅 1:46~56

마침내 아이가 젖을 떼니, 한나는 아이를 데리고, 삼 년 된 수소 한 마리를 끌고, 밀가루 한 에바와 포도주가 든 가죽부대 하나를 가지고, 실로로 올라갔다. 한나는 어린 사무엘을 데리고 실로에 있는 주님의 집으로 갔다. 그들이 수소를 잡고 나서, 그 아이를 엘리에게 데리고 갔다. 한나가 엘리에게 말하였다. "제사장님, 나를 기억하시겠습니까? 내가, 주님께 기도를 드리려고 이 곳에 와서, 제사장님과 함께 서 있던 바로 그 여자입니다. 아이를 낳게 해 달라고 기도하였는데, 주님께서 내가 간구한 것을 이루어 주셨습니다. 그래서 나도 이 아이를 주님께 바칩니다. 이 아이의 한평생을 주님께 바칩니다." 그런 다음에, 그들은 거기에서 주님께 경배하였다.

(삼상 1:24~28)

📖 묵상

주님, 당신은 약속의 말씀을 건네시고 우리는 대답합니다. 천 번, 천 가지 방언으로, 찬미로, 감사의 노래로, 기쁨의 가사로 대답합니다. 상처에 대해 솔직하게 고백하는 방식으로 거친 분노로, 깊은 체념으로 대답합니다. 그렇게 대답함으로써 우리는 당신께 가까이 갑니다. 그렇게 대답합으로써 우리는 변화됩니다. 자유를 얻습니다. 진리에 이르고 순종에 묶입니다. 주님, 우리는 당신께 대답합니다. 우리의 주인은 우리가 아닌, 당신입니다. 우리의 주인이 당신임을 기뻐합니다. 우리의 신실한 구세주시여.

— 월터 브루그만

🖐 나의 묵상

🖐 나의 기도

✷ 성서정과

말 3:1~4, 23~24 / 시 25:3~10 / 눅 1:57~66

"내가 나의 특사를 보내겠다. 그가 나의 갈 길을 닦을 것이다. 너희가 오랫동안 기다린 주가, 문득 자기의 궁궐에 이를 것이다. 너희가 오랫동안 기다린, 그 언약의 특사가 이를 것이다. 나 만군의 주가 말한다. 그러나 그가 이르는 날에, 누가 견디어 내며, 그가 나타나는 때에, 누가 살아 남겠느냐? 그는 금과 은을 연단하는 불과 같을 것이며, 표백하는 잿물과 같을 것이다. 그는, 은을 정련하여 깨끗하게 하는 정련공처럼, 자리를 잡고 앉아서 레위 자손을 깨끗하게 할 것이다. 금속 정련공이 은과 금을 정련하듯이, 그가 그들을 깨끗하게 하면, 그 레위 자손이 나 주에게 올바른 제물을 드리게 될 것이다. 유다와 예루살렘의 제물이 옛날처럼, 지난날처럼, 나 주를 기쁘게 할 것이다." (말 3:1~4)

✷ 묵상

날 저물어, 외롭고 지친 나 춥고 빛 없는 땅에서 길을 찾아 더듬거렸네. 빛으로 나아가는 그 길, 찾을 수 없었다네. 그 어두운 밤에 주님께서 내 손 잡으셨다. 그분께서 나 헤매지 않게 인도하사 안전하고 새로운 길로 데려가셨다네. 나는 모르는 길, 잔잔한 물가로, 푸른 풀밭으로 그분 따라다녔다네. 가시덤불과 돌이 없는 그 길로. 육중한 어둠

은 세력을 잃고, 기다림으로 지새운 나의 눈은 마침내 보았네. 저 동
터 오는 새벽빛. 앞으로 안전하게 앞으로, 그분과 손 잡고 일출의 붉
은 빛 받으며 나는 걸었네. 그리고 보라, 어두운 밤은 물러갔다네.

—L. B. 카우만

🌹 나의 묵상

🌹 나의 기도

더없이 높은 곳에서는 주님께 영광이요,
땅에서는 주님께서 좋아하시는 사람들에게 평화로다.

언제 다시 자유로이 숨 쉴 수 있을지 모를
다가올 날들을 생각할 때 우리는 잊지 말아야 합니다.
그리고 주님께서 이 위기 너머에
어떤 새로운 계획을 갖고 계시든 간에
우리에게 이를 받아들일 수 있는 기반이
마련되어 있는지 생각해 보아야겠습니다.
서로를 보호하기 위해 취하는 작고 사소한 행동,
이러한 순간에도 호의와 사랑을
주고받을 수 있는 통로를 마련하는 일,
나보다 어렵고 힘든 사람을 돕는 일,
새로운 의사소통 방식을 찾는 일,
그 모든 일이 좀 더 풍요롭고 정직한 미래를 만드는,
보이지 않는 출발점이 될 수 있습니다.
마리아의 몸 안에서 일어난,
보이지 않는 작디작은 변화에서
온 세상을 뒤집어엎을
삶의 이야기를 시작하신 주님,
그 주님께서 여전히 작디작은,
눈에 보이지 않는 변화들을 통해 활동하고 계십니다.

－ 로완 윌리엄스

❋ 성서정과

> 삼하 7:1~5, 8-11, 16 / 시 89:2, 19-27 / 눅 1:67~79

아가야, 너는 더없이 높으신 분의 예언자라 불릴 것이니, 주님보다 앞서
가서 그의 길을 예비하고, 죄 사함을 받아서 구원을 얻는 지식을 그의 백
성에게 가르쳐 줄 것이다. 이것은 우리 하나님의 자비로운 심정에서 오는
것이다. 그는 해를 하늘 높이 뜨게 하셔서, 어둠 속과 죽음의 그늘 아래에
앉아 있는 사람들에게 빛을 비추게 하시고, 우리의 발을 평화의 길로 인
도하실 것이다. (눅 1:76~79)

📖 묵상

늘 깨어서 주님을 기다리고 있습니까?

매일 아침 예수께서 오시기를 청하며 잠에서 깨어납니까?

주님의 오심을 준비하며 어둡고 신뢰하지 못하는 모든 생각을

마음에서 쓸어내고 있습니까?

이것이 대림시기의 목적입니다.

성탄절을 준비하는 이 시기 동안

우리는 마음 깊숙한 곳으로 천천히 내려가야 합니다.

대림절의 핵심은 매우 단순하게 성심껏 사는 데 있음을

기억하게 합니다.

예수의 오심은 깨어 주의 깊게 기다릴 만한 가치가 있습니다.

주 예수여, 저희가 마지막 순간에 당신을 맞이하고자 하는

그런 기대와 바람으로 매순간 당신의 오심을

깨어 기다리게 도와주소서.

— 게일 피츠패트릭

🕯 나의 묵상

🕯 나의 기도

✤ 성서정과

사 9:1~6 / 시 96 / 딛 2:11~14 / 눅 2:1~14(15-20)

그 지역에서 목자들이 밤에 들에서 지내며 그들의 양 떼를 지키고 있었다. 그런데 주님의 한 천사가 그들에게 나타나고, 주님의 영광이 그들을 두루 비추니, 그들은 몹시 두려워하였다. 천사가 그들에게 말하였다. "두려워하지 말아라. 나는 온 백성에게 큰 기쁨이 될 소식을 너희에게 전하여 준다. 오늘 다윗의 동네에서 너희에게 구주가 나셨으니, 그는 곧 그리스도 주님이시다. 너희는 한 갓난아기가 포대기에 싸여, 구유에 뉘어 있는 것을 볼 터인데, 이것이 너희에게 주는 표징이다." 갑자기 그 천사와 더불어 많은 하늘 군대가 나타나서, 거룩하신 분을 찬양하여 말하였다. "더없이 높은 곳에서는 거룩하신 분께 영광이요, 땅에서는 주님께서 좋아하시는 사람들에게 평화로다." (눅 2:8~14)

✤ 묵상

우리는 지금 바로 여기에 있는 세상을 있는 그대로 봐야 합니다. 세상을 있는 그대로 보는 것이 그 어떤 묵상보다 성찰보다 우선해야 합니다. 성육신을 올바로 묵상하고 싶으십니까? 그렇다면 절대 집 안으로 숨어들거나 마음의 창을 닫아걸지 마십시오. 혼자라는 편안함에 안주하지도 마십시오. 세상사 별것 없다는 식으로 굴지 마십시오. 끔

찍한 일이든, 매혹적인 일이든 '인생사, 다 그런거다'라는 식으로 말하지 마십시오. 발 디디고 있는 이 세상을 있는 그대로 받아들일 때만 우리는 성육신의 의미를 제대로 이해할 수 있습니다.

— 기스베르트 그레샤케

☙ 나의 묵상

☙ 나의 기도

✤ 성서정과

사 62:6~12 / 시 97 / 딛 3:4~7 / 눅 2:(1~7)8~20

우리의 구주께서 그 인자하심과 사랑하심을 나타내셔서 우리를 구원하셨습니다. 그분이 그렇게 하신 것은, 우리가 행한 의로운 일 때문이 아니라, 그분의 자비하심을 따라 거듭나게 씻어주심과 성령으로 새롭게 해 주심으로 말미암은 것입니다. 거룩하신 아버지께서는 이 성령을 우리의 구주이신 예수 그리스도로 말미암아 우리에게 풍성하게 부어 주셨습니다. 그래서 우리는 그분의 은혜로 의롭게 되어서, 영원한 생명의 소망을 따라 상속자가 되었습니다. (딛 3:4~7)

📖 묵상

절망에 직면한 사람만이 자신에게 자비가 필요하다는 것을 진실로 확인할 수 있습니다. 자비를 원하지 않는 사람은 결코 그것을 찾지 않습니다. 그러므로 용서의 필요성을 한 번도 느끼지 못한 채 자기만족적인 삶을 영위하며 자신의 생명을 위태롭게 하기보다는 절망의 문턱에서 주님을 발견하는 것이 낫습니다. 문제가 없는 삶은 말 그대로 늘 절망 가까이에 있는 삶보다 희망이 없습니다.

— 토머스 머튼

🫖 나의 묵상

_____

_____

_____

_____

_____

_____

_____

🫖 나의 기도

_____

_____

_____

_____

_____

_____

_____

✤ 성서정과

사 52:7~10 / 시 98 / 히 1:1~4(5~12) / 요 1:1~14

이 글은 생명의 말씀에 관한 것입니다. 이 생명의 말씀은 태초부터 계신 것이요, 우리가 들은 것이요, 우리가 눈으로 본 것이요, 우리가 지켜본 것이요, 우리가 손으로 만져본 것입니다. 이 생명이 나타나셨습니다. 우리는 그것을 보았습니다. 그래서 우리는 이 영원한 생명을 여러분에게 증언하고 선포합니다. 이 영원한 생명은 아버지와 함께 계셨는데, 우리에게 나타나셨습니다.-우리가 보고 들은 바를 여러분에게도 선포합니다. 우리는 여러분도 우리와 서로 사귐을 가지기를 바라는 것입니다. 우리의 사귐은 아버지와 또 그의 아들 예수 그리스도와 함께 하는 사귐입니다. 우리가 이 글을 쓰는 것은 우리 서로의 기쁨이 차고 넘치게 하려는 것입니다. 우리가 그리스도에게서 들어서 여러분에게 전하는 소식은 이것이니, 곧 그분은 빛이시요, 주님 안에는 어둠이 전혀 없다는 것입니다. (요 1:1-5)

📖 묵상

신학의 유일한 신조와 법칙이 있는데 바로 그리스도에 대한 신뢰입니다. 이 신조와 법칙을 붙잡지 않는 사람은 누구든 신학자가 결코 아닙니다. 모든 다른 신조들이 이 하나로 흘러가며 이 하나에서 흘러나오기에 이 하나가 없다면 다른 것들은 의미가 없습니다. 태초부터 악

마는 이 신조를 조롱하려고 했으며 이 신조의 자리에 그 자신의 지혜를 가져다 놓으려 했습니다. 그러나 이 신조는 고난 받고 있는 이, 죽어 있는, 곤란함 속에 있는, 그리고 유혹을 겪고 있는 모든 사람을 위해 좋은 풍미를 가지고 있습니다. 그리고 바로 이런 이들이 복음을 이해하는 사람이 됩니다.

—마르틴 루터

🫙 나의 묵상

🫙 나의 기도

✦ 성서정과

대하 24:20-22 / 시 119:161~168 / 행 7:51~60 / 마 23:34~39

그러므로 내가 예언자들과 지혜 있는 자들과 율법학자들을 너희에게 보낸다. 너희는 그 가운데서 더러는 죽이고, 더러는 십자가에 못박고, 더러는 회당에서 채찍질하고, 이 동네 저 동네로 뒤쫓으며 박해할 것이다. 그리하여 의인 아벨의 피로부터, 너희가 성소와 제단 사이에서 살해한 바라갸의 아들 사가랴의 피에 이르기까지, 땅에 죄 없이 흘린 모든 피가 너희에게 돌아갈 것이다. 내가 진정으로 너희에게 말한다. 이 일의 책임은 다이 세대에게 돌아갈 것이다. (마 23:34-36)

✦ 묵상

솟구치는 당신의 피가 외치며 기도하니, 널리 퍼져 나가 절망한 사람들에게 이릅니다. 당신의 피는 여전히 우리의 속전이 되고, 온 세상을 향해 구원을 선포합니다. 이곳에서 피어오르는 당신의 속죄 연기가 해를 어둡게 하고 휘장을 가르며, 하늘로 이르는 새 길을 열어 놓아, 저 크고 눈에 보이지 않는 분을 드러내 보입니다. 주님은 당신 희생을 소중히 여기시며 그 달콤한 향기를 언제나 기뻐하십니다. 희생제물을 연기가 땅과 하늘을 가득 채우고, 생명과 기쁨과 평화를 널리 퍼뜨립니다. 이 낮은 곳 당신의 거처들까지 이르러 신성한 향기로 그곳을 가득 채웁니다. 오랜 세월 구주를 모셔 내리기 위해 우리가 하늘로 올라갈 필요가 없습니다. 당신께서는 이미 모든 사람에게 오셨습니다. 당신께서 베푸는 잔치의 영광을 모든 신실한 영혼들에게 나타내시고 당신께서 실제 여기 계심을 나타내 보이소서.

— 존 웨슬리

🫖 나의 묵상

🫖 나의 기도

✦ 성서정과

출 33:7~11 / 시 117 / 요일 1:1~9 / 요 21:19하~24

베드로가 이 제자를 보고서, 예수께 물었다. "주님, 이 사람은 어떻게 되겠습니까?" 예수께서 말씀하셨다. "내가 올 때까지 그가 살아 있기를 내가 바란다고 한들, 그것이 너와 무슨 상관이 있느냐? 너는 나를 따라라!" 이 말씀이 믿는 사람들 사이에 퍼져 나가서, 그 제자는 죽지 않을 것이라고들 하였지만, 예수께서는 그가 죽지 않을 것이라고 말씀하신 것이 아니라, "내가 올 때까지 그가 살아 있기를 내가 바란다고 한들, 그것이 너와 무슨 상관이 있느냐?" 하고 말씀하신 것뿐이다. 이 모든 일을 증언하고 또 이 사실을 기록한 사람이 바로 이 제자이다. 우리는 그의 증언이 참되다는 것을 알고 있다. (요 21:21~24)

📖 묵상

주님께서 우리의 가장 나쁜 모습을 아시지만 그럼에도 불구하고 모든 잘못을 바로잡는 길을 열어 주셨다는 사실을 인지하면 비교할 수 없는 자유를 누리게 됩니다. 무겁게 누르던 것이 가벼워집니다. 우리는 온갖 죄 가운데 있지만 서로에게 자비가 임했음을 아는 동료입니다. 이 즐거운 지식 속에서 우리는 온갖 새로 온 분과 동료 여행자를 환영합니다. 이제 아이들처럼, 자녀처럼 아버지의 식탁으로 갑시다.

거기가 우리의 집이며, 거기서 안전함을 느낍니다. 주님이 우리에게 미소 지으십니다. "기뻐하십시오! 다시 말합니다. 기뻐하십시오!"

— 플레밍 러틀리지

🏺 나의 묵상

✍ 나의 기도

헤롯에게 죽임당한
죄없는 어린이들 기념일

✤ 성서정과

렘 31:15~20 / 시 124 / 고전 1:26~29 / 마 2:13~18

박사들이 돌아간 뒤에, 주님의 천사가 꿈에 요셉에게 나타나서 말하였다. "헤롯이 아기를 찾아서 죽이려고 하니, 일어나서, 아기와 그 어머니를 데리고 이집트로 피신하여라. 그리고 내가 너에게 말해 줄 때까지 거기에 있어라." 요셉이 일어나서, 밤 사이에 아기와 그 어머니를 데리고 이집트로 피신하여, 헤롯이 죽을 때까지 거기에 있었다. 이것은 주님께서 예언자를 시켜서 말씀하신 바, "내가 이집트에서 내 아들을 불러냈다" 하신 말씀을 이루시려는 것이었다. 헤롯은 박사들에게 속은 것을 알고, 몹시 노하였다. 그는 사람을 보내어, 그 박사들에게 알아 본 때를 기준으로, 베들레헴과 그 가까운 온 지역에 사는, 두 살짜리로부터 그 아래의 사내아이를 모조리 죽였다. 이리하여 예언자 예레미야를 시켜서 하신 말씀이 이루어졌다. "라마에서 소리가 들려왔다. 울부짖으며, 크게 슬피 우는 소리다. 라헬이 자식들을 잃고 우는데, 자식들이 없어졌으므로, 위로를 받으려 하지 않았다." (마 2:13~18)

📖 묵상

끔찍한 폭력 가운데 약속하신 아기를 보내주신 당신께 감사드립니다. 우리는 예루살렘의 유산을 이어받은, 베들레헴 마을에 일어난 기적을 노래합니다. 그 순간, 왜 다른 아기들이 무참히 살해당해야 했는지 우리는 이해할 수 없습니다. 다만 우리는 당신의 나라가 폭력과 고통으로가득 찬 세상 가운데 우리에게 임했음을 알 뿐입니다. 오늘날 여전히 수많은 폭력과 고통이 있습니다. 주님, 당신의 나라가 임해야할 때입니다. 그래서 우리는 간절한 마음과 크나큰 두려움을 가지고 당신을 기다립니다.

— 월터 브루그만

☕ 나의 묵상

🕯 나의 기도

❋ 성서정과

요일 2:3~11 / 시 96:1~4 / 눅 2:22~35

새 노래로 주님께 노래하여라. 온 땅아, 주님께 노래하여라.

주님께 노래하며, 그 이름에 영광을 돌려라.

그의 구원을 날마다 전하여라.

그의 영광을 만국에 알리고 그가 일으키신 기적을 만민에게 알려라.

주님은 위대하시니, 그지없이 찬양 받으실 분이시다.

어떤 신들보다 더 두려워해야 할 분이시다.

만방의 모든 백성이 만든 신은 헛된 우상이지만,

주님은 하늘을 지으신 분이시다.

주님 앞에는 위엄과 영광이 있고,

주님의 성소에는 권능과 아름다움이 있다.

만방의 민족들아, 주님을 찬양하여라.

주님의 영광과 권능을 찬양하여라. (시 96:1~7)

📖 묵상

주님에 관한 가장 좋은 소식은 그분이 비밀이 아니라는 것입니다. 예수 그리스도 안에서, 그를 통해 구현된 주님에 관한 소식은 거룩하신 분이 세상에서 공개적으로, 노골적으로 활동하신다는 것입니다. 바로 이 소식이 그리스도교 교회를 세웁니다. 교회는 이 소식을 널리 퍼뜨리기 위해 존재합니다.

— 윌리엄 스트링펠로우

🫖 나의 묵상

🕯 나의 기도

✤ 성서정과

요일 2:12~17 / 시 96:7~10 / 눅 2:36~40

아셀 지파에 속하는 바누엘의 딸로 안나라는 여예언자가 있었는데, 나이
가 많았다. 그는 처녀 시절을 끝내고 일곱 해를 남편과 함께 살고, 과부가
되어서, 여든네 살이 되도록 성전을 떠나지 않고, 밤낮으로 금식과 기도
로 주님을 섬겨왔다. 바로 이 때에 그가 다가서서 주님께 감사를 드리고,
예루살렘의 구원을 기다리는 모든 사람에게 이 아기에 대하여 말하였다.

(눅2:36~38)

📖 묵상

잠에서 깨어날 시간입니다. 주님의 나라가 가까이 왔습니다. 주께서
오십니다. 부정적인 표징이 보이더라도, 우리는 용기를 잃고 낙심해
서는 안 됩니다. 고개를 떨구고 겁에 질려서는 안 됩니다. 우리 그리
스도인은 오히려 마음을 드높여야 합니다. 예수 그리스도 이후로 우
리 그리스도인은 주님의 나라가 온다는 약속을 믿고 살아갑니다. 마
지막 날에 주님은 모든 것 안에서 모든 것이 되실 것입니다. 대림의
기쁨과 부활의 기쁨이 우리 그리스도인의 표지가 되어야 합니다.

— 발터 카스퍼

🫖 나의 묵상

_____

_____

_____

_____

_____

_____

_____

🫖 나의 기도

_____

_____

_____

_____

_____

_____

_____

성서정과

요일 3:11~21 / 시 96:1, 11~13 / 요 1:1~18

형제자매 여러분, 세상이 여러분을 미워해도 이상히 여기지 마십시오.우리가 이미 죽음에서 생명으로 옮겨갔다는 것을 우리는 압니다. 이것을 아는 것은 우리가 형제자매를 사랑하기 때문입니다. 사랑하지 않는 사람은 죽음에 머물러 있습니다.자기 형제자매를 미워하는 사람은 누구나 살인하는 사람입니다. 살인하는 사람은 누구나 그 속에 영원한 생명이 머물러 있지 않다는 것을 여러분은 압니다. (요일 3:13~15)

묵상

때가 되었으니, 우리의 주님, 구원자이신 당신께서 우리 안에 새 질서를 창조하시어 이제 더는 우리가 할 수 없는, 이제 더는 우리에게 속하지 않은 그런 일들이 우리에게서 사라지게, 반드시 사라지게 하소서. 당신을 향한 우리의 기도가 헛되지 않으며, 앞으로도 결코 헛되지 않으리라는 사실을 알 수 있음에 감사드립니다. 당신의 빛을 발하시며, 그 빛이 어둠 속에 비치고 어둠이 그 빛을 이기지 못함에 감사드립니다. 당신이 우리의 주님이 되시고 우리가 당신의 백성이 될 수 있음에 감사드립니다. 아멘.

— 칼 바르트

나의 묵상

나의 기도

✣ 성서정과

민 6:22~27 / 시 8 / 갈 4:4~7 또는 빌 2:5~11 / 눅 2:15~21

마리아는 이 모든 말을 고이 간직하고, 마음 속에 곰곰이 되새겼다. 목자들은 자기들이 듣고 본 모든 일이 자기들에게 일러주신 그대로임을 알고, 돌아가면서 주께 영광을 돌리며 그를 찬미하였다. 여드레가 차서, 아기에게 할례를 행할 때에, 그 이름을 예수라고 하였다. 그것은, 아기가 수태되기 전에, 천사가 일러준 이름이다. (눅 2:19~21)

✥ 묵상

예수의 이름을 부르는 것은 우리가 드리는 기도의 질을 점검하고 그 내용의 틀을 잡는 효과적인 방법입니다. "예수 그리스도의 이름으로" "예수 그리스도를 통하여"기도할 때 우리는 예수의 시선에 맞추어 자신을 정리하고, 그분이 바라시는 것을 우리도 바라도록 스스로를 설득하는 것입니다. 따라서 예수의 이름으로 평화나 정의, 용서, 더 큰 믿음, 또는 사랑하는 이의 건강을 바라는 것은 모두 예수와 일치된 기도입니다. 모두 예수께서도 원하시는 선이기 때문입니다. 그러니 믿음을 가지고 기도하십시오. 용서하고 기도하십시오. 인내하며 끊임없이 기도하십시오. 예수 그리스도의 이름으로 기도하십시오.

— 로버트 배런

🫖 나의 묵상

🫖 나의 기도

✤ 성서정과

요일 2:22~28 / 시 98:1~4 / 요 1:19~28

새 노래로 주님께 찬송하여라. 주님은 기적을 일으키는 분이시다. 그 오른손과 그 거룩하신 팔로 구원을 베푸셨다. 주님께서 베푸신 구원을 알려 주시고, 주님께서 의로우심을 뭇 나라가 보는 앞에서 드러내어 보이셨다. 이스라엘 가문에 베푸신 인자하심과 성실하심을 기억해 주셨기에, 땅 끝에 있는 모든 사람까지도 우리 주님의 구원하심을 볼 수 있었다. 온 땅아, 소리 높여 즐거이 주님을 찬양하여라. 함성을 터뜨리며, 즐거운 노래로 찬양하여라. (시 98:1~4)

☖ 묵상

진정한 신앙의 승리는 이 땅에서의 일탈이 아니라 이 땅으로 돌아오는 것이며, 사랑을 표현하기 위한 수단으로 이 땅의 조건을 기꺼이 활용하는 것입니다. 그리스도의 신성함에는 교만이 없습니다. 그리스도의 선물은 가장 하찮은 삶의 세계에 나누어진다는 데 그 신비로움이 있습니다. 적은 물, 작은 빵조각, 한 잔의 포도주면 두 세계의 간격을 좁힐 수 있고, 영혼과 감각을 다하여 영원히 자비로운 분께 떨리는 마음으로 다가갈 수 있습니다.

— 이블린 언더힐

나의 묵상

나의 기도

성서정과

요일 2:29~3:6 / 시 98:2~7 / 요 1:29~34

사랑하는 여러분, 이제 우리는 거룩하신 아버지의 자녀입니다. 앞으로 우리가 어떻게 될지는 아직 밝혀지지 않았습니다만, 그리스도께서 나타나시면, 우리도 그와 같이 될 것임을 압니다. 그 때에 우리가 그를 참모습대로 뵙게 될 것이기 때문입니다.그에게 이런 소망을 두는 사람은 누구나, 그가 깨끗하신 것과 같이 자기를 깨끗하게 합니다.죄를 짓는 사람마다 불법을 행하는 사람입니다. 죄는 곧 불법입니다.여러분이 아는 대로, 그리스도께서는 죄를 없애려고 나타나셨습니다. 그리스도는 죄가 없는 분이십니다. (요일 3:2~5)

묵상

미안하다고 말하는 것으로 충분하지 않을 때가 있고, 가슴 아픈 수치와 굴욕을 감수하지 않고서는 도저히 자신을 정결하게 할 수 없을 때가 있습니다. 그러나 그러한 고통이 한 자리를 차지한다고 해도, 고통은 회심의 목적이 될 수 없습니다. 거듭 자기 자신을 때려서 고통 가운데 빠지는 일은 쓸데없는 짓입니다. 그러니 자신의 죄악을 너무 길게 그리고 곰곰이 생각하는 일을 조심하십시오. 생각이 있는 곳에 영혼이 있습니다. 영혼을 너무 깊이 가라앉히면 다시 구출해서 돌이킬

수 없을 지도 모릅니다. 죄를 많이 지었다면, 선을 행함으로 균형을 맞추십시오. 오늘부터 마음 속 깊은 곳에서 기쁨으로, 죄를 멀리하고 선을 행하겠다고 결심하십시오. 죄를 위해 기도하십시오. 그러나 그 안에 머무르지는 마십시오. 묵상하며 기도하십시오. '오, 주여 당신이 다스리소서.'

— 요한 크리스토프 아놀드

🐸 나의 묵상

🐸 나의 기도

성서정과

요일 3:7~10 / 시 98:1, 8~9 / 요 1:35~42

강들도 손뼉을 치고, 산들도 함께 큰소리로 환호성을 올려라. 주님께서 오신다. 그가 땅을 심판하러 오시니, 주님 앞에 환호성을 올려라. 그가 정의로 세상을 심판하시며, 뭇 백성을 공정하게 다스리실 것이다.

(시 98:8~9)

묵상

사소하고 구체적인 찬송문들은 우리가 마땅히 기도해야 할 바대로 기도하는 법을 배우는 가장 좋은 길일 수 있습니다. 모든 찬양의 기본적인 목적을 겨냥하기 때문입니다. 그 기본적인 목적은 바로 이 세상을 거룩하게 하고 그것을 거룩하다고 부르는 것입니다. 수많은 사소한 기도를 드리는 것은 마치 수정을 들고 이 세상과 우리 인생을 보는 것과 같습니다. 빛을 향해 수정을 들고 있으면, 그 모든 면에 빛이 와서 떨어집니다. 그렇게 그 기도들은 아무것도, 그 어떤 것도 당연하게 여길 수 없음을 일깨워 줍니다. 우리가 보고 사용하는 모든 것, 우리가 존재하는 모든 모습은 창조주의 창조적 관심의 표현이며, 따라서 우리가 '감사합니다'라고 말할 기회입니다.

— 엘런 데이비스

🫙 나의 묵상

....

....

....

....

....

....

....

🫙 나의 기도

....

....

....

....

....

....

....

....

✤ 성서정과

요일 3:11~21 / 시 100 / 요 1:43-51

다음 날 예수께서 갈릴리로 떠나려고 하셨다. 그 때에 빌립을 만나서 말씀하셨다. "나를 따라오너라." 빌립은 벳새다 출신으로, 안드레와 베드로와 한 고향 사람이었다. 빌립이 나다나엘을 만나서 말하였다. "모세가 율법책에 기록하였고, 또 예언자들이 기록한 그분을 우리가 만났습니다. 그분은 나사렛 출신으로, 요셉의 아들 예수입니다." 나다나엘이 그에게 말하였다. "나사렛에서 무슨 선한 것이 나올 수 있겠소?" 빌립이 그에게 말하였다. "와서 보시오." 예수께서 나다나엘이 자기에게로 오는 것을 보시고, 그를 두고 말씀하셨다. "보아라, 저 사람이야말로 참으로 이스라엘 사람이다. 그에게는 거짓이 없다." (요 1:43-47)

✤ 묵상

주님께서 하시는 부름의 의미와 현실성은 오직 경험적 공동체 안에서 이를 들은 이만이 이해할 수 있습니다. '주님의 백성'이라는 이스라엘의 개념은 이를 가리킵니다. '주님의 백성'은 오직 호명을 통해서만 출현할 수 있는 부름받은 존재로, 주님에 의해, 예언자와 정치적 역사의 흐름과, 이방 민족에 의해 그 이름으로 불렸을 때 비로소 형성됩니다. 주님의 부르심은 개인이 아니라 공동 인격을 향합니다. 예수는 이스라엘 모든 공동체가 근본적으로 창조주로부터 이탈하였음을 알립니다. 이스라엘 공동체는 주님의 공동체가 되기는커녕 아담과 동일한 인류에 속해 있으며 주님과 화해되어야 합니다. 곧 새로운 공동체로 재창조되어야 합니다. 새로운 공동체로 인도하는 것은 오직 옛 공동체가 불완전하다는 것을 깨달을 때에만 가능합니다. 그렇게 하기 위해 예수는 회개를 요청합니다.

— 디트리히 본회퍼

나의 묵상

나의 기도

1.6

✤ 성서정과

사 60:1~6 / 시 72:1~7, 10~14 / 엡 3:1~12 / 마 2:1~12

그 때에 헤롯은 그 박사들을 가만히 불러서, 별이 나타난 때를 캐어묻고, 그들을 베들레헴으로 보내며 말하였다. "가서, 그 아기를 샅샅이 찾아보시오. 찾거든, 나에게 알려 주시오. 나도 가서, 그에게 경배할 생각이오." 그들은 왕의 말을 듣고 떠났다. 그런데 동방에서 본 그 별이 그들 앞에 나타나서 그들을 인도해 가다가, 아기가 있는 곳에 이르러서, 그 위에 멈추었다. 그들은 그 별을 보고, 무척이나 크게 기뻐하였다. 그들은 그 집에 들어가서, 아기가 그의 어머니 마리아와 함께 있는 것을 보고, 엎드려서 그에게 경배하였다. 그리고 그들의 보물 상자를 열어서, 아기에게 황금과 유향과 몰약을 예물로 드렸다. 그리고 그들은 꿈에 헤롯에게 돌아가지 말라는 지시를 받아, 다른 길로 자기 나라에 돌아갔다. (마 2:7~12)

📖 묵상

인간의 심장으로 우리 곁에 계시는 주님, 영원에서 영원까지 기쁨의 탄성이 그 심장에서 뿜어 나옵니다. 인간의 영혼으로 우리 곁에 계시는 주님, 도저히 다가갈 수 없을 것 같았던 성부와 성자와 성령의 빛을 그 영혼이 바라봅니다. 영원한 신비이신 삼위일체 주님의 얼굴과 얼굴을 맞대고 봅니다. 진실로 당신은 여기 계십니다. 우리는 아무것도 볼 수 없지만, 믿음의 눈은 당신을 봅니다. 우리의 형제, 우리와 동일한 본성을 가지시고 우리의 삶 한복판에 계시는 당신입니다. 당신이 우리와 더불어 살기 원하시니, 우리는 당신을 경배합니다.

—칼 라너

🫙 나의 묵상

🫙 나의 기도

헤롯 왕 때에, 예수께서 유대 베들레헴에서 나셨다.
그런데 동방으로부터 박사들이 예루살렘에 와서 말하였다.
"유대인의 왕으로 나신 이가 어디에 게십니까?
우리가 동방에서 그의 별을 보고, 그에게 경배하러 왔습니다."
그들은 베들레헴으로 떠났다. 그런데 동방에서 본 그 별이 그들 앞에 나타나서
그들을 인도해 가다가, 아기가 있는 곳에 이르러서, 그 위에 멈추었다.
그들은 그 별을 보고, 무척이나 크게 기뻐하였다. 그들은 그 집에 들어가서,
아기가 그의 어머니 마리아와 함께 있는 것을 보고, 엎드려서 그에게 경배하였다.
그리고 그들의 보물 상자를 열어서, 아기에게 황금과 유향과 몰약을 예물로 드렸다.

예수는 아버지의 나라의 시작이자 마침이 되십니다. 그러므로 우리는 확실하게 "구주께서 다시 오십니다"라고 말할 수 있습니다. 그는 이 일을 완성하셔야 하며, 우리는 그가 다시 오실 때까지 그의 종이 될 뿐입니다. 종으로서 우리는 장차 오실 그를 섬겨야 합니다. 동시에, 우리는 이 땅에서 장차 오실 예수 그리스도의 모습을 보여주어야 합니다. 우리는 마치 이 땅에서 완전한 선을 이룰 것처럼 자신만 돌아보거나 그것에만 매달려 싸워서는 안 됩니다. 우리는 완전할 수 없습니다. 그것은 오직 이 땅에 계셨고 장차 오실 주 예수만이 가능한 일입니다. 이 일을 완성하는 것은 우리가 아니라 예수이십니다. 우리는 이 사실을 마음에 담아두어야 하며, 복음을 전할 때마다 잊지 않고 기억해야 합니다. 우리의 길은 이 별빛의 인도함을 받아야 합니다. "그는 다시 오실 것입니다." 우리의 마음이 구주의 오심을 향할 때 모든 복음은 올바른 관점을 지향할 것입니다. 우리가 "그는 참으로 다시 오십니다"라는 말씀에 확실하고 견고한 초점을 맞출 때 복음은 인격적 존재로 살아 숨 쉬게 될 것입니다.

—J. C. 블룸하르트, C. F. 블룸하르트

주여, 우리와 함께하소서

– 대림절기를 위한 기도노트

초판 발행 │ 2023년 11월 20일

지은이 │ 비아 편집부

발행처 │ 비아
발행인 │ 이길호
편집인 │ 이현은
편　집 │ 민경찬 · 정다운
제　작 │ 김진식 · 김진현 · 이난영
재　무 │ 강상원 · 이남구 · 김규리
마케팅 │ 이태훈
디자인 │ 민경찬 · 손승우

출판등록 │ 2020년 7월 14일 제2020-000187호
주　소 │ 서울시 강남구 봉은사로 442 75th Avenue 빌딩 7층
주문전화 │ 010-8729-9237
팩　스 │ 02-395-0251
이메일 │ viapublisher@gmail.com

ISBN │ 979-11-92769-62-2 03230
저작권 ⓒ 2023 ㈜타임교육C&P